L'ALIMENTATION
DES OISEAUX

Table des matières

VIII

Préface

C'est dans un boisé urbain de la région de Québec que, depuis huit ans, Peter Lane expérimente les différentes façons de nourrir les oiseaux. D'année en année, de nouvelles formes de mangeoires et de nouveaux types d'aliments sont venus compléter son poste d'alimentation, tant et si bien que le petit «bois de Peter» est devenu La Mecque de l'ornithologie hivernale à Québec. Par une belle journée de février, j'y ai moi-même observé pas moins d'une centaine d'oiseaux d'une quinzaine d'espèces différentes. Inutile de vous dire que Peter Lane connaît bien ce dont il parle dans ce nouvel ouvrage, son deuxième traitant de l'alimentation des oiseaux.

Nourrir les oiseaux vous permettra d'observer à loisir les espèces les mieux adaptées aux rigueurs de l'environnement québécois. Vous pourrez regarder vivre ce petit noyau d'espèces vigoureuses et les apprécier dans leur beauté et leur lutte pour la survie. Ce nouveau passe-temps incitera sûrement quelques adeptes à aller plus loin dans la découverte du monde des oiseaux avec ses couleurs chatoyantes, ses adaptations anatomiques astucieuses et ses comportements intriguants. La connaissance de l'ornithologie devient alors une véritable passion car c'est par le plaisir des sens qu'on y accède.

Grâce à son style simple et aux magnifiques photographies qui l'agrémentent, cet ouvrage plaira aux personnes, de plus en plus nombreuses, qui cherchent à reprendre contact avec la nature dans un désir de mieux vivre. Il aidera à sa façon le citoyen désirant mieux connaître son milieu afin de participer davantage à sa conservation.

Jean-Luc DesGranges, Ph.D.
Service canadien de la faune
Environnement Canada

Remerciements

Que ce soit pour leurs judicieux conseils, leur précieuse aide ou pour leurs magnifiques photographies en couleur, je tiens personnellement à remercier tous ceux qui ont contribué de quelques façons que ce soit à la réalisation de cet ouvrage.

MM. Jean-Luc Desgranges, Normand David, Jean Giroux, Benoît Houde, Mme Diane Dion, à Mme Louise Côté et à René et Carmen Barbeau; Le Club des Ornithologues du Québec Inc., et tous les photographes : Jean Giroux, Père Roger Larose, Benoît Houde, Lucien Houde, Michel Boulianne, Christian Marcotte, Normand David, Serge Côté, Denis Faucher, Charles Vachon, Pierre Tremblay, Marc Simard et ainsi qu'à Jean-Denis Brisson et le Dr André Cyr.

En plus d'un remerciement spécial à notre réputé peintre animalier québécois, M. Jean-Luc Grondin, qui m'a gracieusement fourni la peinture du Cardinal rouge ornant la couverture de ce livre, et aux consultants BPR.

Merci à tous!

Peter Lane

CHAPITRE 1

LES MANGEOIRES D'OISEAUX

Introduction

Nourrir les oiseaux, quel drôle de passe-temps! C'est un «hobby» qui se veut à la fois éducateur et très passionnant...

Vous apprendrez à reconnaître et à vivre avec les différentes espèces d'oiseaux qui demeurent avec nous durant la saison froide. Vous apprendrez également à mieux les connaître en observant leurs différents comportements. Puis à la longue, naîtra en vous un profond respect de la faune qui vous entoure.

Geai dans la main de l'auteur
(photo : Marc Simard)

En les nourrissant bien, certaines espèces d'oiseaux s'habitueront très vite à vous. Elles deviendront si familières qu'elles viendront manger dans votre main. Hé oui! avec de la patience vous gagnerez leur confiance surtout si vous les nourrissez bien et observez les quelques règles suivantes pour un meilleur succès.

1° Évitez de faire tous mouvements brusques en présence d'un oiseau.

2° Parlez tout bas et doucement si vous avez à le faire.

3° Évitez de fixer directement l'oiseau (au début) qui viendra se nourrir dans votre main.

4° Tenez la main à plat, tendue et immobile. Les principales espèces qui viennent manger dans les mains sont : la Mésange à tête noire, le Geai du Canada, le Sizerin flammé, la Sittelle à poitrine rousse, le Dur-bec des pins, la Mésange à tête brune, le Pic mineur, la Sittelle à poitrine blanche, le Junco ardoisé et le Gros-bec errant.

Pour ceux qui veulent s'initier à l'observation de la gent ailée, l'hiver est sans aucun doute la meilleure période alors qu'il n'y a pas de feuilles dans les arbres pour nous voiler la vue et qu'il y a moins d'espèces d'oiseaux qu'en été. Ce sont généralement les mêmes qui seront observées. Vous apprendrez donc à les mieux connaître. À la venue du printemps, d'autres espèces arriveront de leurs quartiers d'hiver et viendront s'ajouter, petit à petit, à celles déjà observées.

Mésange à tête noire dans la main (photo : Peter Lane)

Pourquoi nourrir les oiseaux en hiver?

Durant l'hiver, les oiseaux ont souvent à souffrir de la famine et plus particulièrement pendant et après une tempête de neige ou un verglas suivi d'une période de froid intense qui, d'ailleurs, leur sont souvent mortels. Il se peut qu'il y ait pénurie de nourriture naturelle soit pour une raison ou une autre. Alors, c'est à ce moment que vous intervenez et pouvez remédier à la situation en rendant aux oiseaux un service vital, celui de leur offrir une nourriture appropriée et indispensable (suif de bœuf, tournesol, chardon, millet, alpiste, maïs concassé et fruits divers).

Comment attirer des oiseaux chez vous

Rien de plus facile! Vous n'avez qu'à les prendre par leur point faible, leur estomac, hé oui!

Installez-leur divers types de mangeoires dans votre cour ou en forêt dans lesquelles vous leur offrirez un menu varié, car plus vous varierez votre menu, plus vous aurez la chance de recevoir la visite d'une plus grande diversité d'espèces. Parfois, de grandes bandes d'oiseaux (10 à 100 individus, parfois plus) viendront s'alimenter à vos mangeoires, particulièrement chez ces espèces : Gros-becs, Sizerins, Roselins et Chardonnerets etc., à partir de fin janvier alors que la nourriture naturelle est presque épuisée.

Quand et où installer un poste d'alimentation

Vous devez vous efforcer d'installer un poste d'alimentation dès la mi-septembre car à cette période, les oiseaux nicheurs sédentaires et résidants ont déjà commencé à délimiter leur territoire de nourrissage hivernal. Si votre poste d'alimentation se situe dans un de ces territoires, vous aurez donc plusieurs visiteurs réguliers, captivants et colorés. Au début, il ne faut surtout pas se décourager. Laissez aux oiseaux le temps de découvrir cette nourriture intarissable que vous leur offrez... Votre patience sera pleinement récompensée par leur présence active et presque amicale.

Une mangeoire récoltera plus de succès si vous habitez en banlieue, près d'un parc urbain boisé, à la campagne près d'un grand bosquet ou encore s'il y a des conifères et des arbres fruitiers dans votre quartier. Mieux encore si votre arrière-cour est adossée à une forêt adjacente ou bien, installez vos mangeoires dans une forêt mixte avoisinante. Cependant, un poste d'alimentation placé à découvert aura beaucoup moins de popularité chez les oiseaux, surtout si ce poste est installé en plein vent nord-est. Donc, il faudra préférablement protéger les mangeoires de ces vents froids en les installant près d'un ou plusieurs conifères, d'une haie dense ou d'un buisson quelconque, où, d'un coup d'ailes, l'oiseau pourra se réfugier dans le cas d'un éventuel danger : chats, chiens, écureuils, oiseaux de proie et autres.

Attention!!! N'installez pas vos mangeoires trop près d'une haie ou d'un conifère (environ 3 mètres = 10 pieds), car ces endroits peuvent constituer une excellente cachette d'où un chat fera le guet et bondira brusquement sur les oiseaux qui se nourriront sous vos mangeoires!!!

Comment installer un poste d'alimentation

La façon la plus facile d'implanter un poste d'alimentation consiste en tout premier lieu à choisir l'endroit idéal où vous voulez installer celui-ci. En deuxième lieu, vous étendez du pain blanc ou du grain mélangé (peu dispendieux), ce qui est excellent pour attirer l'attention des oiseaux et au fur et à mesure que ceux-ci viendront, remplacez le pain par du maïs concassé, du millet et du tournesol que vous déposerez dans un plateau bas. Ensuite, installez vos mangeoires à débit contrôlé et vos sacs de suif. Et voilà, le tour est joué. Bonne chance!

Il serait souhaitable, même préférable, d'installer plus d'une mangeoire, et à des niveaux différents, afin d'assurer une coexistence pacifique des différentes espèces belliqueuses.

Notez que les oiseaux visitent les mangeoires tôt le matin et en fin de journée. Entre ces deux périodes, ils effectuent des va-et-vient irréguliers, selon la température. Plus il fera froid, plus les oiseaux resteront près de vos postes d'alimentation ou mangeoires.

Les prédateurs naturels

Même à vos postes d'alimentation bien organisés aura lieu un maintien rigoureux de l'équilibre naturel des espèces. Incontestablement, les bandes d'oiseaux qui fréquenteront vos mangeoires ne manqueront pas d'attirer l'attention de prédateurs quelconques. Ces prédateurs sont leurs ennemis naturels et vous ne devez en aucun cas exercer une action quelconque contre eux. Il faut respecter la loi de la nature, elle paraît souvent très cruelle mais elle est nécessaire. « Manger ou être mangé! » c'est la nature des choses et vous n'avez aucun droit d'intervention contre ces prédateurs, quels qu'ils soient!

De plus, ce serait un très mauvais service à rendre aux oiseaux qui fréquentent vos mangeoires car l'absence totale d'ennemis naturels pourrait faire décroître la méfiance naturelle de ces oiseaux qui doit toujours rester en alerte. Un oiseau sans méfiance est un animal qui ne vivra pas très longtemps.

Les prédateurs ailés

Les plus communément rencontrés aux postes d'alimentation en hiver sont : l'Autour, l'Épervier brun, la Crécerelle d'Amérique et la

Épervier brun
(photo : Serge Côté)

Pie-grièche grise (4 chasseurs diurnes). Les trois premières espèces sont des oiseaux de proie ou «rapaces». La dernière et non la moindre est un passereau adapté à chasser et à se nourrir de petits oiseaux et de petits mammifères (souris et musaraignes) comme chez les rapaces.

À l'occasion vos mangeoires recevront la visite d'une Buse à queue rousse, d'un Gerfaut, d'un Faucon pèlerin ou d'un Émerillon ou autres.

*Crécerelle d'Amérique
(photo : Roger Larose)*

*Pie-grièche grise
(photo : Roger Larose)*

N'oublions pas les chasseurs nocturnes

La Petite Nyctale, la Nyctale boréale et le Petit-Duc maculé sont les espèces les plus couramment aperçues près des mangeoires. Les autres espèces, le Grand-Duc, la Chouette rayée, la Chouette épervière et le Hibou moyen-duc peuvent, à l'occasion, venir inspecter vos postes d'alimentation. Notez que les «Hiboux» ne viennent généralement pas aux mangeoires pour se nourrir d'oiseaux (occasionnellement) mais plutôt pour capturer et se nourrir de petits mammifères qui fréquentent vos postes tels que : lièvres, écureuils, polatouches, campagnols, souris, musaraignes ou autres.

N.B. : Le Petit-Duc maculé se rencontre seulement dans le sud-ouest du Québec.

*Nyctale boréale
(photo : Benoît Houde)*

*Petite Nyctale
(photo : Lucien Houde)*

*Petit-Duc maculé
(photo : Normand David)*

*Hibou moyen-duc
(photo : Peter Lane)*

Les prédateurs à quatre pattes

Domestiques :

Chiens et chats devront être dressés à ne pas approcher les oiseaux attirés par vos mangeoires (placez celles-ci à une hauteur minimale de 1,5 mètre du sol). Le chien est beaucoup plus compréhensif. Mais le chat! Vous devriez installer au cou des chats un collier muni de clochettes. Ceci rendra son approche silencieuse plus difficile et diminuera par le fait même ses prises, que vous vous efforcez de nourrir.

Sauvages :

Les espèces les plus communes en hiver sont : le Renard roux, la Belette hermine et le Raton laveur (par temps doux). Quelquefois la Martre et le Vison d'Amérique (selon l'habitat) viendront eux aussi inspecter vos mangeoires pour trouver des proies quelconques. Même la Mouffette rayée viendra y faire son tour (les mâles sortent quelquefois de leur terrier par temps doux).

Et enfin, les deux derniers, l'Écureuil gris (noir) et l'Écureuil roux. Hé oui, ils peuvent être considérés comme des prédateurs sérieux même à leur air inoffensif, surtout l'Écureuil roux. Ce dernier ne mange pas les oiseaux mais les pourchasse et les tue parfois afin de protéger son «stock» de nourriture qui est offert dans vos mangeoires. En plus, il s'amuse à endommager celles-ci!!

Écureuil roux
(photo : Serge Côté)

N.B. : Le plus grand problème auquel vous aurez à faire face à vos mangeoires sera la présence des écureuils gris ou des écureuils roux. Ces deux-là s'approprient à eux seuls les mangeoires que vous avez installées pour les oiseaux. Comment les déloger? Il existe plusieurs petits trucs pour dissuader ces rongeurs de siéger dans vos mangeoires, mais presque tous sont inefficaces (pour cette raison je n'en ai illustré aucun). Peu importe le système que vous inventerez les écureuils auront toujours le dernier mot car ils sont très habiles et très rusés. C'est donc à mon avis un problème sans solution. Il faut s'y résigner et leur aménager un plateau de tournesol et d'arachides. Mieux vaut vivre avec eux que contre eux.

Liste de quelques petits mammifères qui fréquentent les mangeoires

Les rongeurs :

L'Écureuil gris ou noir, l'Écureuil roux, le Grand Polatouche ou Écureuil volant, le Lièvre d'Amérique, le Lapin à queue blanche, la Souris sylvestre, la Souris à pattes blanches, le Campagnol des champs, le Campagnol des rochers, le Campagnol à dos roux de Gapper, le Campagnol-lemming de Cooper, en plus de deux vermines (le rat surmulot et la souris commune).

Les insectivores :

La Grande Musaraigne, la Musaraigne cendrée et la Musaraigne fuligineuse. La plupart de ces petits mammifères se nourrissent de graines, grains, noix, arachides, pain et fruits et un peu de viande rouge pour les Musaraignes.

Conseils ou mise en garde

Quand vous installerez vos mangeoires pour l'hiver, il faudra vous assurer d'être en mesure de les approvisionner de façon régulière, surtout à la suite d'intempéries (tempêtes de neige, verglas et périodes de froid intense).

La plupart des oiseaux qui viendront s'alimenter à vos mangeoires développeront une certaine dépendance envers cette source de nourriture intarissable.

Vous pouvez arrêter au beau milieu de l'hiver! À mon avis, il est sans doute préférable de mener à bon terme cette bonne œuvre que vous avez entreprise et ce, en toute conscience personnelle.

Les nicheurs sédentaires et résidants ainsi que les visiteurs d'hiver s'en tireront sans trop de difficultés surtout s'il existe d'autres postes d'alimentation dans votre voisinage, sinon ils retourneront à leurs nourritures naturelles.

Mais pensez aux nicheurs migrateurs qui sont demeurés avec nous. Ces espèces, présentes en été, migrent dans le sud en automne mais plusieurs d'entre elles tentent d'hiverner ici pour une raison ou une autre. Elles sont plus vulnérables et sont pleinement dépendantes de cette nourriture que vous leur donnez. C'est un pensez-y bien, n'est-ce pas?

Une nourriture adéquate
pour vos oiseaux

Une nourriture adéquate est sans aucun doute l'atout par excellence pour une réussite dans votre programme de postes d'alimentation pour oiseaux hivernants.

Voici donc différents aliments que vous pouvez offrir aux oiseaux et ainsi satisfaire leur appétit et assurer leur survie.

(les éléments de base pour un bon poste d'alimentation sont encadrés)

SUIF DE BOEUF (excellent)

Le suif de bœuf est l'aliment le plus essentiel et le plus important pour les oiseaux d'hiver. Il est une excellente source de calories rapidement emmagasinées par les oiseaux pour les aider à mieux survivre aux longues nuits glaciales. Le suif maintient la température de leur corps entre 37° C et 44° C (100° F et 112° F).

Le meilleur suif de bœuf est blanc, sec et granuleux et se trouve chez tous les bouchers. Cet aliment de choix est très apprécié surtout par les insectivores : Pics, Mésanges, Sittelles, Grimpereaux, Troglodytes, Merles, Grives, Moqueurs et Étourneaux, et occasionnellement consommé par les Parulines, Orioles, Quiscales, Geais, Carouges, Juncos, Roselins, Sizerins et Chardonnerets.

Le suif de bœuf peut être servi dans un **sac filet en plastique (sac à oignons)** suspendu à une branche ou ailleurs, à au moins 1,5 mètre (5 pieds) du sol. Les oiseaux viendront picorer le suif à travers les mailles sans tout emporter.

Note : Il serait sage de renouveler votre suif de temps en temps surtout s'il a subi la chaleur ou la pluie. Le suif frais a bien meilleur goût que le suif ranci.

Conservez votre graisse de bacon, c'est un excellent substitut du suif que les oiseaux apprécient beaucoup.

SAINDOUX, pur-lard «Tenderflake»

Le saindoux est excellent et aussi nutritif que le suif de bœuf. Il est plus malléable pour badigeonner ou graisser le tronc des vieux arbres crevassés. Cette méthode est très appropriée pour nourrir plus particulièrement le Grimpereau brun ainsi que les Pics, les Sittelles et les Mésanges. Toutes les espèces qui consomment du suif sont friandes de saindoux.

BEURRE D'ARACHIDES (excellent)

Certains chercheurs-biologistes prétendent que le beurre d'arachides servi nature peut causer l'étouffement souvent mortel chez les oiseaux. Celà est dû à la viscosité du beurre d'arachides. Afin d'éviter cet incident réel ou fictif, il serait préférable de **toujours** mélanger le beurre d'arachides, en partie égale, que ce soit avec du suif fondu, de la graisse de bacon, du saindoux ou encore avec de la farine de maïs (jaune)

Cet aliment est très bon et très apprécié par la majorité des espèces qui consomment du suif de bœuf (voir liste sous ce dernier item).

L'une des meilleures méthodes de servir le beurre d'arachides est celle de la **bûche de cèdre** perforée d'une douzaine de trous de 4 cm de profond par 4 cm de diamètre, lesquels seront remplis de bon beurre d'arachides, peu importe la marque.

«PÂTÉ POUR INSECTIVORES» ou «Pain d'oiseaux» (très bon)

Durant ces trois derniers hivers, j'ai essayé un mélange des plus complets pour les petits ou gros insectivores.

Il consiste en un mélange de beurre d'arachides, de saindoux pur-lard ou de graisse de bacon, de noix finement hachées, de tournesol écalé et d'un mélange à insectivores de «Hagen» (ce dernier item est vendu dans les animaleries).

Cette recette fut très bien appréciée par mes hôtes : Pics, Mésanges, Sittelles, Grimpereaux, Roitelets, Parulines et Geais. A St-Romuald, un propriétaire de mangeoires servait ce mélange à un Troglodyte de Caroline qui en était friand. Ce fameux mélange s'offre très bien dans une bûche perforée.

NOIX HACHÉES ET LES ARACHIDES (excellent)

Ces aliments riches en matières minérales et en protéines **sont excellents et très appréciés des oiseaux**. Il est préférable de les écaler et de les broyer finement afin de satisfaire une plus grande clientèle.

Les noix sont dispendieuses. Il suffit d'en donner à vos hôtes de temps en temps. Quand il fait froid et afin que vos visiteurs gardent un plus grand attachement envers vous et votre poste d'alimentation, toutes les variétés de noix sont appréciées : noix de Grenoble, noix d'Acajou (Cashews), amandes, pacanes, avelines, noisettes, glands, arachides en écale ou pas mais non salées. En automne, vous pouvez cueillir les fruits des arbres suivants : les noix de Noyers cendrés et des Noyers noirs, les noix des Caryers cordiformes et des Caryers ovales, les glands des chênes rouges, blancs, bicolores et Chênes à gros fruits, les noisettes des Coudriers et des Noisetiers d'Amérique, les fruits du Châtaignier et enfin les faînes des Hêtres à grandes feuilles. Vous voilà donc, avec toute une variété qui satisfera bien vos emplumés.

Dû à leur coût élevé, il est préférable d'offrir les noix dans une mangeoire à débit contrôlé, dans un plateau soit ouvert ou couvert. Excellent pour inciter les Mésanges et les Sittelles à venir manger dans la main.

Liste partielle des espèces qui consomment des noix et des arachides

Geai bleu	x	Gros-bec errant	*
Mésange à tête noire	x	Moineau domestique	*
Mésange à tête brune	x	Oriole du Nord	*
Mésange bicolore	x		
Sittelle à poitrine blanche	x	Merle d'Amérique	*
Sittelle à poitrine rousse	x	Grive solitaire	*
Troglodyte de Caroline	x	Vacher à tête brune	*
Paruline à croupion jaune	x	Tourterelle triste	*
Cardinal à poitrine rose	x	**Espèces additionnelles**	
Chardonneret des pins	x		
Chardonneret jaune	x		

Pics (presque toutes
les espèces •

Roitelet à couronne dorée •
Roitelet à couronne rubis •

Moqueur polyglotte •
Moqueur roux •

Cardinal rouge •

Tohi à flancs roux •

Junco ardoisé •

Bruants (la plupart
des espèces) •

Quiscale bronzé •

Roselin pourpré •
Roselin familier •

Becs-croisés •
(les 2 espèces)

Sizerins (les 2 espèces) •

Légende

x Choix prioritaire
• Choix secondaire
* Choix occasionnel
ou rare

16

Les graines

TOURNESOL (excellent et essentiel)

C'est sans aucun doute et de loin la meilleure graine à offrir aux oiseaux sauvages. Cette graine huileuse est excellente et très riche, donc bénéfique et indispensable à une grande variété d'espèces. Le tournesol est consommé en plus grande quantité que toutes autres sortes de graines. Les petites graines noires feront le délice des espèces au bec faible : Chardonnerets, Sizerins et autres. Elles sont d'ailleurs plus riches en huile que les graines striées. **Je vous conseille personnellement les «petites graines noires» car elles rejoignent une plus grande clientèle.**

Offrez aux oiseaux, soit dans une mangeoire à débit contrôlé ou bien dans un plateau couvert ou non mais **jamais au sol** car cela occasionnera des pertes trop considérables lors de chutes de neige.

Liste partielle des espèces qui consomment du tournesol

Geai bleu	x	Mésange à tête brune	x
Mésange à tête noire	x	Mésange bicolore	x

17

Sittelle à poitrine blanche	x	Chardonneret des pins	• +
Sittelle à poitrine rousse	x	Chardonneret jaune	• +
Cardinal rouge	x	Gélinotte huppée	*
Cardinal à poitrine rose	x	Tourterelle triste	*
Dur-bec des pins	x		
Gros-bec errant	x	Pigeon biset	*
Roselin pourpré	x	Merle d'Amérique	*
Roselin familier	x		
Bec-croisé rouge	x	Moqueur polyglotte	*
Bec-croisé à ailes blanches	x	Paruline à croupion jaune	* +
Quiscale bronzé	x	Paruline des pins	* +
		Quiscale rouilleux	*
Faisan de chasse	•		
Pic à ventre roux	•	Dickcissel	*
Pic à tête rouge	•		
Pic chevelu	•	**Espèces additionnelles**	
Pic mineur	•		

Troglodyte de Caroline	• +
Moqueur roux	•
Tohi à flancs roux	•
Junco ardoisé	•
Bruant hudsonien	•
Bruant familier	• +
Bruant fauve	•
Bruant chanteur	•
Bruant des marais	•
Bruant à gorge blanche	•
Bruant à couronne blanche	•
Moineau domestique	•
Carouge à épaulettes	•
Vacher à tête brune	•
Sizerin flammé	• +
Sizerin blanchâtre	• +

Légende

x Choix prioritaire
• Choix secondaire
* Choix occasionnel ou rare
+ Tournesol écalé de préférence
   ou les petites graines
   noires

18

MILLET BLANC (excellent et essentiel)

Le millet blanc (*Panicum miliaceum*) est le plus populaire et le plus apprécié par une foule d'espèces, plus particulièrement par les oiseaux au bec faible (sauf exceptions). Le millet rouge est aussi très apprécié et le millet jaune est le moins apprécié des trois.

Présentez aux oiseaux, soit dans une mangeoire à débit contrôlé, dans un plateau couvert ou non, ou encore au sol (s'il ne neige pas).

Liste partielle des espèces d'oiseaux qui consomment du millet

Tourterelle triste	x	Moineau domestique	x
Perdrix grise	x	Bernache du Canada	•
		Pigeon biset	•
Cardinal rouge	x	Faisan de chasse	•
Tohi à flancs roux	x	Gélinotte huppée	•
Bruant hudsonien	x	Alouette cornue	•
Bruant familier	x	Dickcissel	•
Bruant fauve	x		
Bruant chanteur	x	Bruant des neiges	•
Bruant à gorge blanche	x	Carouge à épaulettes	•
Bruant à couronne blanche	x	Sturnelle des prés	•
Junco ardoisé	x	Quiscale rouilleux	•
Vacher à tête brune	x		
Roselin pourpré	x	Chardonneret jaune	•
Roselin familier	x	Chardonneret des pins	•
Sizerin flammé	x	Geai bleu	*
Sizerin blanchâtre	x		

| Moqueur roux | * |
| Étourneau sansonnet | * |

Cardinal à poitrine rose	*
Gros-bec errant	*
Dur-bec des pins	*

| Oriole du Nord | * |

Espèces additionnelles

Légende

x Choix prioritaire
● Choix secondaire
* Choix occasionnel ou rare

ALPISTE ou «graines de canari» (excellent)

Ces petites graines (*Phalaris canariensis*) sont très appréciées par les espèces au bec faible (sauf exception).

Servir de la même manière que le millet blanc (voir cet item).

Liste partielle des espèces qui consomment de l'alpiste

Tourterelle triste	x	Junco ardoisé	x
Tohi à flancs roux	x	Roselin pourpré	x
Bruant hudsonien	x	Roselin familier	x
Bruant familier	x		
Bruant des champs	x	Sizerin flammé	x
Bruant fauve	x	Sizerin blanchâtre	x
Bruant chanteur	x		
Bruant à gorge blanche	x	Chardonneret jaune	x
Bruant à couronne blanche	x	Chardonneret des pins	x
		Cardinal rouge	●

Carouge à épaulettes	•	
Sturnelle des prés	•	
Vacher à tête brune	•	
Moineau domestique	•	
Pic à ventre roux	*	
Mésange bicolore	*	
Cardinal à poitrine rose	*	**Légende**
Gros-bec errant	*	x Choix prioritaire
		• Choix secondaire
Bruant des neiges	*	* Choix occasionnel ou rare

GRAINE DE CHARDON (excellente et très sélective)

Il est préférable de servir ces petites graines dans une mangeoire à débit contrôlé spécialement conçue pour les graines de chardon. Vous pouvez aussi les servir dans un plateau mais cela occasionnera du gaspillage. Toutefois, ceci est mieux que rien.

Cette petite graine noire et allongée est souvent appelée à tort « Niger » ou « thistle » (*Guizotia abyssinica*). Ce n'est pas une vraie graine de chardon et elle provient d'Éthiopie et d'Asie. Elle ne constitue aucun danger de propagation sur les pelouses à cause de notre climat peu coopératif. Cette graine très riche en huile est très recherchée et aussi très dispendieuse. Elle coûte environ $ 4,00 le 500 grammes (prix 1986-1987). Le « chardon » est très sélectif et les six espèces suivantes en raffolent drôlement : Chardonneret jaune, Chardonneret des pins, Sizerin blanchâtre, Sizerin flammé, Roselin pourpré et Roselin familier. Ces graines sont aussi consommées par le

Bruant à gorge blanche, le Bruant chanteur, le Bruant hudsonien, le Bruant des champs, le Tohi à flancs roux et par la Tourterelle triste. Occasionnellement mangée par le Junco ardoisé, la Mésange à tête noire, la Mésange bicolore et le Gros-bec errant.

COLZA (bon)

Cette plante (*Brassica rapa*), de la famille des moutardes, fournit de petites graines noirâtres, appréciées par les espèces mentionnées plus bas. Attention! Elle pousse rapidement dans les gazons. Utilisez en petites quantités ou mieux, en forêt.

Offrir dans une mangeoire à débit contrôlé ou dans un plateau couvert ou non.

Liste partielle des espèces qui consomment du colza

Tourterelle triste	x	Chardonneret des pins	•
Pigeon biset	x	Chardonneret jaune	•
Alouette cornue	x	Mésange à tête noire	*
Bruants (la plupart des espèces)	x	Gros-bec errant	*
Junco ardoisé	x	Moineau domestique	*
Bruant des neiges	x	**Espèces additionnelles**	
Vacher à tête brune	x		
Gélinotte huppée	•		
Roselin pourpré	•		
Roselin familier	•		
Sizerin blanchâtre	•		
Sizerin flammé	•		

Légende

x Choix prioritaire
• Choix secondaire
* Choix occasionnel ou rare

GRAINES DE LIN (passable)

Ces petites graines aplaties et brunâtres sont surtout consommées par la Tourterelle triste, le Roselin pourpré, le Sizerin
flammé et le Dur-bec des pins.

 Ces graines peu populaires at-
tirent une clientèle restreinte.
Peut-être qu'à la suite de tests
rigoureux de surveillance aux
mangeoires, découvrirons-
nous d'autres espèces qui
consomment cette sorte de
graines. Servir dans une mangeoire à débit contrôlé ou
dans un plateau.

GRAINES DE CITROUILLES (bon)

La plupart des espèces qui consomment des graines de
tournesol apprécient généralement les graines de citrouilles.
Essayez aussi les graines de cantaloupes et de melons, cependant moins aimées que les graines de citrouilles. Offrir dans un
plateau ou, si en quantité suffisante, dans une mangeoire à
débit contrôlé.

Liste des principales espèces qui aiment les graines de citrouilles

Geai bleu	Junco ardoisé
Mésange à tête noire	Gros-bec errant
Mésange à tête brune	Roselin pourpré
Sittelle à poitrine blanche	Roselin familier
Sittelle à poitrine rousse	Bruant chanteur
Troglodyte de Caroline	Bruant à gorge blanche
Moqueur roux	(Tourterelle triste)
Cardinal rouge	(Moineau domestique)
Cardinal à poitrine rose	
Tohi à flancs roux	**Espèces additionnelles**

Grains de céréales

Les grains de céréales sont riches en carbohydrate qui, en soit, est une excellente source d'énergie et de chaleur. Ils sont cependant pauvres en matières minérales et en protéines.

De toutes les céréales, le **maïs concassé** (le jaune) est sans aucun doute celui que les oiseaux préfèrent de loin aux autres. Plus d'une quarantaine d'espèces d'oiseaux s'en nourrissent. Donc, le **maïs concassé doit absolument faire partie de votre programme d'alimentation pour vos oiseaux.**

Les autres céréales (blé, avoine, orge, sarrasin et sorgho) attirent une certaine clientèle. Ces aliments peu populaires exercent une faible attraction chez la plupart des espèces (sauf exception), comparés au tournesol, au millet blanc, à l'alpiste, au chardon et au maïs concassé. L'utilisation de blé, avoine, orge, sarrasin et sorgho est peu dispendieuse. C'est bien là son unique avantage. Ces éléments s'avèrent plutôt un gaspillage qu'autre chose. Cependant, l'avoine et le blé décortiqué auront plus de succès. Si vous habitez la campagne, vous rejoindrez alors une clientèle assez variée : Bernaches et Canards (en automne), Faisans, Perdrix, Gélinottes huppées (en forêt), Pigeons, Tourterelles, Moineaux, Étourneaux, Carouges, Sturnelles, Quiscales, Vachers, Alouettes cornues, Bruants des neiges ainsi que la plupart des espèces de Bruants.

N.B. : **Il n'est pas conseillé d'utiliser des mangeoires à débit contrôlé** pour offrir les aliments suivants : maïs concassé, orge, blé et avoine concassés ou pas, car l'humidité aura vite fait de transformer ces grains de céréales en une masse compacte qui obstruera l'orifice d'écoulement du grain.

MAÏS CONCASSÉ (excellent et essentiel)

Le maïs concassé est l'aliment par excellence car il est consommé par un plus grand nombre d'espèces que tout autre grain ou graine. Il doit faire partie de votre programme d'alimentation pour oiseaux hivernants.

N.B. : Utilisez le maïs jaune, il est plus riche en vitamine A que le blanc.

Servir aux oiseaux soit au sol ou dans un plateau couvert ou non. **Jamais dans une mangeoire à débit contrôlé** car l'humidité aura vite fait de rendre ce maïs concassé en une masse compacte qui sera inutilisable car l'orifice d'écoulement sera complètement obstrué.

Liste partielle des espèces qui consomment du maïs concassé

Bernache du Canada	x	Geai bleu	x
Canard malard	x	Cardinal rouge	x
Canard noir	x		
		Dickcissel	x
Gélinotte huppée	x	Bruant lapon	x
Faisan de chasse	x	Bruant des neiges	x
		Carouge à épaulettes	x
Perdrix grise	x	Sturnelle des prés	x
Tourterelle triste	x	Quiscale rouilleux	x
Pigeon biset	x	Quiscale bronzé	x
Corneille d'Amérique	x	Vacher à tête brune	x

Moineau domestique	x	Grive solitaire	*
Pic à ventre roux	•	Roitelet à couronne rubis	*
Pic à tête rouge	•	Paruline à croupion jaune	*
Pic chevelu	•		
Alouette cornue	•	Cardinal à poitrine rose	*
Grand Corbeau	•	Oriole du Nord	*
Sittelle à poitrine blanche	•	Gros-bec errant	*
Moqueur roux	•	**Espèces additionnelles**	
Étourneau sansonnet	•		
Tohi à flancs roux	•		
Junco ardoisé	•		
Chardonneret jaune	•		
Chardonneret des pins	•		
Sizerin blanchâtre	•		
Sizerin flammé	•		
Bruants (majorité des espèces)	•		
Pic mineur	*		
Grand Pic	*		
Geai du Canada	*		
Mésange à tête noire	*		
Mésange bicolore	*		

Légende
x Choix prioritaire
• Choix secondaire
* Choix occasionnel ou rare

26

BLÉ (bon) (1)
AVOINE (bon) (2)
ORGE (passable) (3)

Les grains décortiqués auront beaucoup plus de succès. Malgré une liste d'espèces d'oiseaux qui semble imposante, ces trois céréales exercent une attraction bien inférieure à celle du maïs concassé envers la plupart des espèces d'oiseaux sauf chez les espèces notées ci-après :

Choix prioritaires	1	2	3
Faisan de chasse	x	x	x
Perdrix grise	x	x	x
Gélinotte huppée	x	x	x
Pigeon biset	x	x	x
Tourterelle triste	x	x	x
Corneille d'Amérique	x	x	
Dickcissel	x	x	
Carouge à épaulettes	x	x	x
Quiscale rouilleux	x	x	x
Quiscale bronzé	x		
Vacher à tête brune	x	x	x
Sturnelle des prés	x	x	x
Bruant des neiges	x	x	
Bruant lapon	x	x	
Moineau domestique		x	

Choix secondaires	1	2	3
Alouette cornue	•	•	•
Geai bleu	•		
Moqueur roux	•		
Étourneau	•	•	•
Cardinal rouge	•	•	•
Tohi à flancs roux	•	•	
Junco ardoisé	•	•	
Bruants (la plupart)	•	•	
Roselin pourpré	•		
Sizerin flammé	•	•	
Chardonneret des pins		•	
Cardinal à poitrine rose	*		
Gros-bec errant	*		

* choix occasionnel ou rare

SORGHO (médiocre)

Cette graine attire peu de clientèle et est délaissée par la plupart des espèces sauf par la Tourterelle triste, le Pigeon biset, le Faisan de chasse et la Corneille d'Amérique. Servir dans un plateau ou au sol.

Autres espèces qui en consomment à l'occasion

Perdrix grise
Cardinal rouge
Dickcissel
Tohi à flancs roux
Bruant des champs
Bruant à couronne blanche
Bruant à gorge blanche
Bruant chanteur
Junco ardoisé

Carouge à épaulettes
Sturnelle des prés
Quiscale rouilleux
Quiscale bronzé
Vacher à tête brune

Espèces additionnelles

SARRASIN (passable)

Cette céréale est peu populaire et préférée surtout par la Gélinotte huppée, le Faisan de chasse, le Pigeon biset et la Tourterelle triste.

Servir dans une mangeoire à débit contrôlé, dans un plateau ou au sol.

Liste des autres espèces qui consomment du sarrasin

Perdrix grise	Geai bleu	*
Corneille d'Amérique	Sittelle à poitrine blanche	*
Alouette cornue	Étourneau sansonnet	*
Cardinal rouge	Moineau domestique	*
Tohi à flancs roux	Gros-bec errant	*
Bruant à couronne blanche	Espèces additionnelles	
Bruant chanteur		
Carouge à épaulettes		
Quiscale bronzé		
Vacher à tête brune		
Roselin pourpré	* choix occasionnel ou rare	

Mélanges peu dispendieux

MOULÉES À VOLAILLES (et à bestiaux) (passable)

En général, ces moulées consistent en un mélange de céréales diverses, composées de maïs concassé, de blé et de gravier fin (moulées à volailles), dans lequel on retrouve souvent de l'avoine, de l'orge, du sarrasin, du sorgho, du millet et des pois du Canada.

Ces moulées, peu dispendieuses, attirent une clientèle assez variée. Offertes seules, ces moulées peuvent devenir un point d'attraction pour plusieurs espèces d'oiseaux, telles que: Gélinotte, Faisan, Perdrix, Pigeon, Tourterelle, Dickcissel, Moineau, Vacher, Tohi, Junco, Sizerin, Chardonneret, Roselin, Cardinal, Geai bleu et Étourneau.

Si ces moulées sont offertes en présence de tournesol, chardon, millet blanc, alpiste et maïs concassé, elles seront vite délaissées par plusieurs espèces. Offrir aux oiseaux soit dans un plateau ou au sol, **jamais** dans une mangeoire à débit contrôlé, à cause des problèmes causés par l'humidité.

MÉLANGE «CRIC-CROC» (passable)

Ce mélange pour oiseaux sauvages est passablement bon. Son seul avantage est son coût peu dispendieux. Ce mélange occasionne plus souvent de gaspillage qu'autre chose car les bons éléments qu'on y retrouve sont peu abondants et ont vite fait de disparaître, le reste (environ les deux tiers) étant délaissé par la plupart des oiseaux.

MÉLANGES DE GRAINES À PINSONS

Ces mélanges vendus dans les animaleries sont excellents pour tous les petits granivores (Sizerins, Chardonnerets, Juncos et Bruants).

Il s'agit d'un mélange de diverses petites graines : alpiste, millet blanc, millet jaune, millet rouge, colza, chardon, pavot, carvi et graines de lin.

Servir dans une petite mangeoire à débit contrôlé ou dans un plateau.

Conseils, remarques et prix sur différentes sortes de graines et grains

Il est préférable et même fortement conseillé d'entreposer grains et graines dans un endroit sec et frais. Une grosse poubelle en plastique avec couvercle sera un contenant idéal pour conserver le maïs concassé, le blé, l'orge, l'avoine et le tournesol (ce dernier doit être gardé à l'extérieur de la maison car il peut parfois contenir des petits insectes genre coléoptères ou autres). Si les grains de céréales prennent l'humidité, ils peuvent devenir toxiques pour les oiseaux qui les consommeront. Donc gardez ces grains bien au sec.

Il est aussi conseillé de nettoyer régulièrement vos mangeoires pour y assurer une hygiène convenable. Il faut enlever les grains ou graines trop détrempés par la pluie ou l'humidité. Ainsi, vous éviterez les problèmes d'intoxication causés par les moisissures, lesquelles peuvent être dangereuses pour les oiseaux qui consomment ces grains attaqués.

Il est aussi préférable d'acheter grains et graines en grosses quantités de 20 kg, 25 kg ou 40 kg, tout simplement parce que ces aliments vous reviendront beaucoup moins dispendieux que si vous achetez la même quantité en petits sacs. En plus, vous n'aurez pas à courir de gauche à droite à la dernière minute pour vous procurer des provisions. Donc, vous sauverez à la fois pas et argent.

UTILISATIONS DE QUELQUES FRUITS AUX MANGEOIRES

OISEAUX \ FRUITS	Raisins de Corinthe	Raisins secs	Tranches de pommes	Tranches de poires	Tranches de bananes	Demi-oranges	Cerises à salade	Raisins frais	Canneberges	Gelée de raisins
Gélinotte huppée			x				x		x	
Pic flamboyant			x			x	x			
Pic à ventre roux	x	x	x							
Pic chevelu			x		x					
Pic mineur			x							
Geai bleu			x	x			x	x		
Troglodyte de Caroline		x				x				
Grive solitaire		x	x							x
Merle d'Amérique	x	x	x	x			x	x	x	
Moqueur polyglotte	x	x	x	x	x	x		x	x	
Jaseurs (2 espèces)	x	x	x							
Paruline à croupion jaune							x			x
Cardinal rouge	x	x				x		x		
Quiscale bronzé			x	x				x		
Oriole du Nord	x	x	x			x	x	x		x
Dur-bec des pins			x						x	
Roselin familier	x	x	x	x	x	x	x	x	x	

Autres aliments

PRODUITS DE BOULANGERIE (passable)

Les plus utilisés et les plus acceptés par les oiseaux sont : le pain blanc (éveille l'attention de ceux-ci), les beignes maisons, les croûtes de tarte, les miettes de biscuits secs et de biscuits à chiens. Ces aliments, moins nutritifs, ne doivent être offerts aux oiseaux qu'à l'occasion. Il ne faut pas prendre l'habitude d'en donner tous les jours. **(Servir au sol ou dans un plateau).**

RESTES DE TABLE (passable)

Il y a moyen de ramasser certains restes de table et de les mélanger avec du suif, du grain et du pain. Vous passez le tout dans un moulin à viande, puis vous en faites des boulettes que vous **servez dans un sac-filet**. Ce genre de pâté est surtout apprécié par les Geais, Mésanges, Sittelles, Pics, Quiscales, Étourneaux et Moineaux.

Sans oublier chats, chiens, ratons laveurs, mouffettes, souris et rats du voisinage.

FRUITS (bon)

Les plus communément offerts aux oiseaux sont : des raisins secs, des raisins de Corinthe, des demi-oranges, des tranches de pommes, de poires et de bananes. N'oubliez pas les canneberges, les cerises rouges à salade, les bleuets et autres. **(Servir dans un plateau, au sol ou dans une mangeoire spécialement conçue pour les fruits).**

Vous pouvez aussi offrir des petits fruits sauvages que vous aurez cueillis en automne et mis à congeler jusqu'à l'utilisation pour les oiseaux.

Les petits fruits des arbres et arbustes suivants sont très appréciés : sorbiers, viornes, aubépines, symphorines, sureaux, cornouillers, cerisiers, amélanchiers, houx, aronias, nerpruns,

34

rosiers, pyracanthes (buisson-ardent), mûriers, pommetiers décoratifs et oliviers de Bohême.

Un mélange de ces petits fruits servi dans un plateau sera attrayant pour plusieurs espèces d'oiseaux qui en feront un délice.

Un tel plateau de fruits attirera des espèces intéressantes telles que : Moqueurs, Merles, Grives, Jaseurs, Troglodytes, Parulines, Geais, Orioles, Cardinals, Gélinottes, Étourneaux et autres.

Vous pouvez aussi planter une multitude d'espèces d'arbres, arbustes et vignes pour aménager votre parterre résidentiel. Au chapitre 3, vous découvrirez plus d'une quarantaine d'espèces intéressantes qui, en plus de décorer votre chez-vous, serviront de refuge ou fourniront une profusion de petits fruits et graines aux oiseaux de votre entourage. Dites-vous bien qu'un parterre offrant une variété d'arbres et arbustes fruitiers, ainsi que des conifères de différentes hauteurs, sera le point de rendez-vous de plusieurs espèces d'oiseaux toutes aussi intéressantes les unes que les autres.

Mettez tous les atouts de votre côté.

Important

POUR LES CONSOMMATEURS DE GRAINES ET DE GRAINS

Il serait sage d'aménager dans un coin de votre cour, un plateau dans lequel se trouverait un mélange de gravier fin (pour oiseaux domestiques) ou du sable, du calcium, du gros sel, de la cendre, du charbon finement émietté, des coquilles de mer et d'oeufs finement broyées. Toutes ces substances, en plus d'apporter une source de minéraux nécessaires, servent surtout à moudre les graines, les grains et les noyaux durs ingurgités dans le gésier des oiseaux.

Ces substances sont indispensables aux Gélinottes, Faisans, Perdrix, Pigeons, Tourterelles, Gros-becs, Roselins, Cardinals, Tohis, Juncos, Bruants, Chardonnerets, Sizerins, Bec-croisés, Vachers, Moineaux et autres.

L'EAU

L'eau est un facteur qu'il ne faut pas négliger! Ce dernier élément est plus difficile à garder disponible, surtout en hiver. Mais les bricoleurs inventifs pourront aménager un bassin d'eau avec un fil chauffant ou autre qui gardera cette eau libre de glace en partie.

En été, ce même bassin attirera une clientèle très intéressée.

Liste des différents aliments et leur cote d'intérêt pour les oiseaux

Tournesol	Excellent
Maïs concassé	''
Millet blanc	''
Chardon	''
Suif de boeuf	''
Noix et arachides (broyées)	''
Graisse de bacon	''
Saindoux pur-lard	''
Beurre d'arachides	''
Alpiste	''
Pâté pour insectivores	Bon
Millet jaune	''
Blé décortiqué	''
Avoine décortiquée	''
Colza	''
Graines de citrouilles	''
Raisins secs et de Corinthe	''
Fruits divers	''
Millet rouge	''

Graines de cantaloupes et melons	Passable
Sarrasin	11
Graines de lin	11
Orge décortiquée	11
Shortening végétal	11
Pain blanc, beignes, biscuits...	11
Moulées à volailles	11
Mélange «cric-croc»	11
Restes de table	Médiocre
Avoine entière	11
Blé entier	11
Orge entière	11
Sorgho ou milo	11

Types de mangeoires

Actuellement, il existe sur le marché plusieurs types de mangeoires, à la fois esthétiques, pratiques et fonctionnelles (sauf exception). Il existe différentes compagnies spécialisées dans les mangeoires et nichoirs d'oiseaux (voir liste à la fin de ce chapitre). Quelques types de mangeoires sont aussi disponibles dans les centres de jardinage, dans les animaleries et dans les grands magasins à rayons.

La plupart des petites mangeoires en matière plastique ont souvent tendance à se fendiller et à casser sous l'action du froid. Elles sont idéales pour les mangeoires estivales. Pour les bricoleurs, le jeu est simple. Quelques heures leur suffiront pour construire quelques mangeoires simples et surtout fonctionnelles et pratiques.

Mangeoires (réservoirs) à débit contrôlé

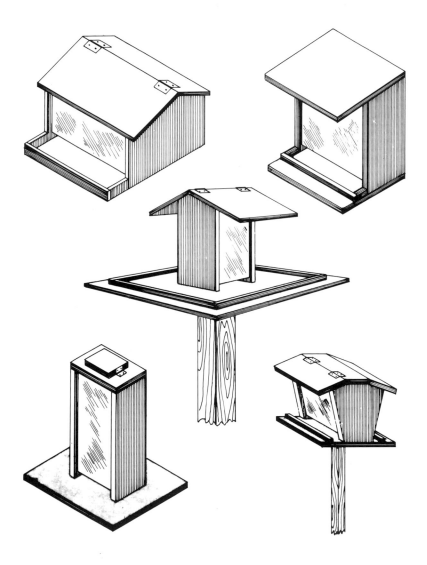

Ces mangeoires pratiques contiennent une certaine quantité de graines et sont à la fois économiques car elles réduisent passablement le gaspillage par un système de débit contrôlé régulier. De plus, ces types de mangeoires protègent la nourriture contre les intempéries (pluie, neige, vent,...). Ces mangeoires sont conçues pour loger (selon le format) une grande quantité de graines diverses (sauf le maïs concassé, le blé, l'orge et l'avoine concassé).

Elles peuvent être construites, soit avec du contre-plaqué, de la planche de pin ou de cèdre et autres. Elles peuvent être teintes (avec une teinture non-toxique, si possible) pour mieux résister aux conditions climatiques.

Vous pouvez même inventer vos propres mangeoires, qu'elles soient simples, stylisées ou excentriques. Elles devront cependant être pratiques et fonctionnelles. Le devant ou les 2 côtés opposés peuvent être vitrés ou non. S'ils sont vitrés, employez le «Plexiglass» transparent. Ce sera beaucoup plus chic! Vous pourrez voir à quel niveau est rendu le contenu de vos mangeoires.

L'espacement du bas, prévu pour l'écoulement des graines, ne devra pas excéder 12,5 mm ($1/2$") de hauteur.

Ces mangeoires peuvent être suspendues solidement à une branche ou ailleurs avec œillets, cordages, broche ou encore montées sur pied ou adossées et clouées sur un arbre mort, à environ 1,5 à 1,8 mètre (5 à 6 pieds) du sol.

Note :
Pour quelques bons plans de mangeoires, référez-vous au livre de Clive Dobson (version française) *Nourrir les oiseaux en hiver* (pp. 83 à 104).

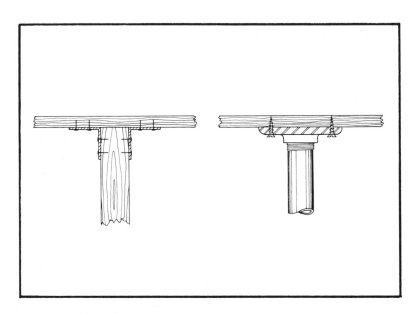

Détails de fixations

Mangeoire fixée avec 2 ou 4 équerres métalliques vissées au fond de la mangeoire et au poteau de bois 100 mm × 100 mm.

Mangeoire fixée avec une bague de montage filetée pour un tuyau d'acier galvanisé de 40 mm de diamètre.

Les plateaux

Plateau de fenêtre

Un simple plateau de bois, fixé au rebord d'une fenêtre (à l'aide d'équerres de métal ou de bois) sera un type de mangeoire fréquentée par plusieurs espèces d'oiseaux que vous aurez la chance d'observer de très près. Dans ce plateau, offrez des fruits, du tournesol, des noix, des arachides, du chardon ou autres choses.

Plateau sur pied

Ce genre de plateau rempli de divers aliments préférés sera très fréquenté par les oiseaux. Ce type de mangeoire est conçu pour être installé au centre de la cour afin d'attirer l'attention des oiseaux de votre quartier.

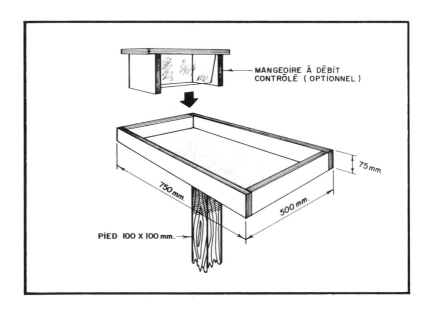

MANGEOIRE À DÉBIT
CONTRÔLÉ (OPTIONNEL)

75 mm.

750 mm.

500 mm.

PIED 100 X 100 mm.

Note :

Il faudra prévoir des trous dans le fond du plateau, surtout le long de la bordure, pour faciliter l'écoulement des eaux de pluie. Une mangeoire à débit contrôlé peut être fixée dans ces plateaux (facultatif).

Plateau couvert ou abri

Cette mangeoire pratique est mieux qu'un plateau ouvert car la nourriture est protégée contre les chutes de neige ou de pluie.

Déposez-y divers aliments adéquats et cet abri sera un lieu de rencontre de plusieurs espèces.

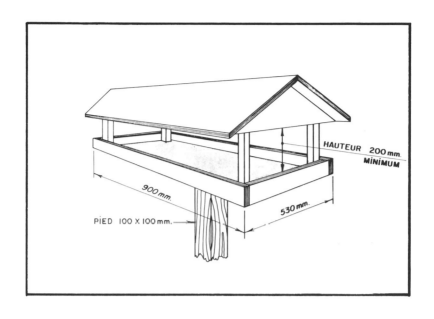

HAUTEUR 200 mm. MINIMUM

900 mm.

PIED 100 X 100 mm.

530 mm.

Plateau à compartiments séparés

Ce genre de plateau sert surtout à faire des tests de préférence ou choix alimentaires que font les oiseaux qui visitent vos mangeoires.

TYPES DE MANGEOIRES CONÇUES POUR SERVIR BEURRE D'ARACHIDES, SAINDOUX ET SUIF DE BOEUF

Bûche de cèdre naturel

Bûche de 400 mm long × 100 mm de diamètre, dans laquelle vous percerez une douzaine de trous de 40 mm de profondeur par 40 mm de diamètre, sans ou avec perchoirs. Ces derniers seront utiles pour les Parulines, Roitelets, Troglodytes, Chardonnerets, Sizerins et autres. Laissez l'écorce, c'est plus chic et cela procure une meilleure surface pour que les oiseaux s'agrippent.

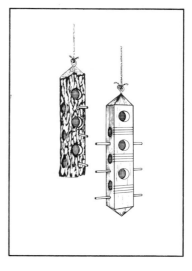

Cette bûche peut être de fabrication personnelle avec un 100 x 100 mm (4" x 4") en cèdre.

Cône de pin

Cette petite mangeoire originale, enduite de beurre d'arachides, de saindoux ou de suif fondu, sera fréquentée par les Mésanges et les Sittelles.

Lors de vos voyages dans l'ouest ou dans le sud, surveillez les cônes de pins qui, dans ces zones, atteignent des tailles parfois impressionnantes.

ESPÈCES DE PINS (ET D'ÉPINETTES) OFFRANT DE GROS CÔNES

Région de Québec :

Dimension des cônes

Pin blanc (*Pinus strobus*) — 100 à 200 mm (4" à 8")
Épinette de Norvège (*Picea abies*) — 100 à 175 mm (4" à 7")
Pin noir d'Autriche (*Pinus nigra*) — 50 à 90 mm (2" à 3,5")

Dans l'ouest canadien :

Pin ponderosa (*Pinus ponderosa*) — 75 à 150 mm (3" à 6")
Pin argenté (*Pinus monticola*) — 125 à 380 mm (5" à 15")
Pin souple (*Pinus flexilis*) — 75 à 200 mm (3" à 8")

Dans l'ouest des États-Unis :

Pin à sucre (*Pinus lambertiana*) — 250 à 660 mm (10" à 26")
Pin de Jeffrey (*Pinus jeffreyi*) — 125 à 380 mm (5" à 15")

Sud-Est des États-Unis :

Pin rigide (*Pinus rigida*) — 50 à 90 mm (2" à 3,5")
Pin des marais (*Pinus palustris*) — 150 à 250 mm (6" à 10")
Pin taeda (*Pinus taeda*) — 75 à 150 mm (3" à 6")

Noix de coco

Les noix de coco peuvent faire des petites mangeoires originales (modèles suggérés comme illustrés). Attention de ne pas vous blesser car ces noix sont très dures à scier ou à percer.

Dans ces petites mangeoires vous pouvez y servir soit du suif fondu, du beurre d'arachides ou des graines diverses. Elles seront fréquentées surtout par les espèces agiles : Mésanges, Sittelles, Roitelets, Sizerins, Chardonnerets, Pics mineurs et Parulines.

Sac-filet (en plastique)

Ce genre de mangeoire (genre sac à oignons) est esthétique, fonctionnel et sans danger pour les oiseaux*. C'est sans aucun doute le type de mangeoire appropriée pour offrir des morceaux de suif de boeuf, des blocs de pâté pour insectivores ou des boulettes de beurre d'arachides. Les oiseaux viendront picorer le contenu à travers les mailles, sans tout emporter.

Il arrive occasionnellement qu'un oiseau se prenne une patte dans les mailles du filet mais cela est rare.

Note :

Pour servir du suif ou autre, il serait préférable de ne pas utiliser de grillage métallique qui pourrait causer des blessures aux pattes, aux yeux ou à la langue des oiseaux. Que ce soit un mythe réel ou fictif, mieux vaut éloigner tout danger.

Si parfois vous persistez à utiliser du grillage métallique; prenez mille et une précautions. Enduisez votre grillage avec du latex caoutchouteux et ayez soin de couper et limer les bouts de broches piquants et puis, pensez que c'est si simple d'employer un sac-filet.

Différents types de mangeoires
commerciales parmi les plus populaires

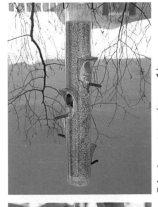

Silo à graines (type 1)

Silo à graines (type 2)

Silo à chardon

Sac à chardon

Mangeoires commerciales

47

Schéma-type d'un poste d'alimentation complet

Pour résumer :

Le secret d'une bonne réussite pour votre programme d'alimentation des oiseaux hivernants consiste en trois (3) règles d'or.

1- Menu varié :

Cinq ou six aliments de base essentiels : suif de boeuf, tournesol, maïs concassé, millet blanc, alpiste ou fruits divers. Ne pas oublier un plateau de gravier.

Si vous en avez les moyens, complétez avec du chardon, des noix, des arachides en écales et du beurre d'arachides.

2- Niveaux variés :

Ces aliments devront être offerts aux oiseaux à des niveaux différents (selon l'habitude des oiseaux) : le sol, les plateaux bas, les plateaux ou les mangeoires élevés, sur pied ou suspendus, le tronc et les branches des vieux arbres.

3- Couvert suffisant :

Buissons ou haies denses, conifères où les oiseaux pourront se réfugier en cas d'un danger. Plus il y aura de **conifères** sur votre terrain, mieux ce sera pour créer un habitat propice aux oiseaux. Les arbres fruitiers sont aussi un excellent atout à ne pas négliger.

Types de mangeoires

Le sol

C'est la mangeoire préférée par la plupart des espèces, particulièrement chez les Gélinottes, Faisans, Perdrix, Tourterelles, Pigeons, Moineaux, Vachers, Carouges, Quiscales, Sturnelles, Alouettes, Bruants, Juncos, Tohis, Cardinals et autres.

Abri de « sapinage » au sol

Ce type de mangeoire est conçu pour offrir du grain et des graines aux oiseaux qui se nourrissent la majeure partie du temps au sol. Spécialement pour les Gélinottes, Faisans, Perdrix, Colins, Tourterelles et Bruants.

Plate-forme ou plateau près du sol et plateau de fenêtre

En général, tous les genres de plateaux sont souvent fréquentés par les espèces qui n'aiment pas se percher pour se nourrir, quoique presque toutes les espèces se sentent à l'aise dans une telle mangeoire. Sert surtout à mettre en évidence la nourriture que vous offrez aux oiseaux.

Inconvénients : La nourriture sera souvent détrempée à cause des nombreuses chutes de neige ou de pluie ou elle sera balayée par les forts vents d'hiver.

Plateau couvert ou abri

Ce type de mangeoire est très pratique car il permet de recevoir la visite de plusieurs oiseaux à la fois grâce à ses quatre côtés ouverts. En plus, la nourriture est protégée des chutes de neige ou de pluie. La plupart des espèces la fréquenteront.

Inconvénient : Le vent peut balayer les graines.

Petites mangeoires commerciales à débit contrôlé (sur pied)

En général, ces petites mangeoires sont spécialement conçues pour nourrir les petites espèces d'oiseaux. Offrez-y diverses graines : tournesol, millet, alpiste et noix. Il en existe même qui sont uniquement conçues pour offrir les dispendieuses graines de chardon. Mangeoires assez stables.

Inconvénient : Peu d'oiseaux à la fois s'y nourrissent.

Grandes mangeoires à débit contrôlé adossées à un tronc, suspendues ou fixées sur un pied

Ces genres de mangeoires, de fabrication personnelle et de grande taille, (voir page 38) sont stables et fréquentés par plusieurs espèces d'oiseaux. Ces types de mangeoires sont avantageux et économiques car ils logent beaucoup à la fois et gardent la nourriture à l'abri des intempéries, tout dépendant si le modèle est fonctionnel.

Petites mangeoires commerciales de diverses formes et suspendues

Ces petites mangeoires en plastique qui ballottent aux quatre vents, sont très instables et attirent une clientèle restreinte mais intéressante. Elle est représentée par des petites espèces agiles, telles que les Mésanges, Sizerins, Chardonnerets, Roselins et Sittelles.

Bûche de cèdre

Bûche perforée de trous. Ceux-ci peuvent être remplis de beurre d'arachides, saindoux ou autres. Ce modèle esthétique et pratique est conçu pour les grimpeurs; Pics, Sittelles et Grimpereaux. S'il y a présence de perchoirs alors là, la liste s'allongera d'au moins une vingtaine d'espèces.

Troncs d'arbres

Troncs ou grosses branches crevassés, **badigeonnés de saindoux, de beurre d'arachides, de graisse de bacon ou**

autres. Mangeoire idéale pour les Grimpereaux, Sittelles et Pics.

Sac-filet

Ce sac rempli de morceaux de suif de boeuf est une mangeoire orginale et pratique qui fera le bonheur de plusieurs insectivores : Pics, Mésanges, Sittelles, Roitelets, Parulines, Geais, etc. la fréquenteront.

Inconvénient : Les oiseaux peuvent s'y prendre les pattes mais le cas est très rare.

Morceaux de suif

Un gros morceau de suif de boeuf ficelé à un tronc ou à une grosse branche sera très fréquenté. Voilà peut-être une chance de recevoir la visite d'un Grand Pic, si vous installez ces gros morceaux de suif dans une forêt mature.

Cône de pins

Cette petite mangeoire très originale sera fréquentée par les Mésanges et les Sittelles surtout si ce cône est enduit de bon beurre d'arachides.

Inconvénient : Ballotte au vent, donc très instable.

Noix de coco

Une autre idée originale. Ce type de petite mangeoire est conçu pour les petites espèces agiles. Remplir soit de suif, de beurre d'arachides ou de graines.

Inconvénient : ballotte au vent, donc très instable.

Couvert suffisant

Buissons, haies denses ou mieux, un ou des conifères. Endroits où les oiseaux pourront dormir ou se réfugier en cas d'un éventuel danger. **Très important**.

Arbres et arbustes fruitiers

Idéal pour attirer une bonne variété d'oiseaux frugivores tels que : Jaseurs, Moqueurs, Merles, Dur-bec des pins, Roselins, Cardinals, Grives et Pics flamboyants. Un bon environnement sera plus attrayant.

Plateau de gravier

Servir un mélange de gravier fin, de gros sel, de charbon émietté ou de coquilles d'oeufs finement broyées. Servir dans plateau avec la nourriture. **Essentiel pour les granivores**.

Noms et adresses de diverses compagnies parmi les meilleures qui se spécialisent dans la fabrication de mangeoires et de nichoirs d'oiseaux. Catalogue disponible et gratuit.

* Graines de bonne qualité disponibles à ces endroits

Québec :

* Lire la Nature
   1699, chemin de Chambly
   Longueuil, Qc J4J 3X7 (514) 463-5072
   (Livres, nichoirs, mangeoires, graines, jumelles et lunettes d'observation)

* Centre de conservation de la faune ailée
   7950, de Marseille, Montréal, H1L 1N7

* Centres Jardins Hamel
   1350, boul. des Chutes, Beauport, G1C 4W5
   4029, boul. Hamel, Ancienne-Lorette, G2E 2H3

* Coopératives agricoles du Québec
   Graines de bonne qualité disponibles à ces endroits

* Jacques Turgeon, grainetier – (418) 848-2492

* Labonté, Joseph & Fils (gros seulement)
   1350, rue Newton, Boucherville, J4B 5H2
   981, Commerciale, St-Jean-Chrysostome, G6Z 2L4

52

Les Ateliers de la Mésange
39, Rang St-Jacques, Pont-Rouge, G0A 2X0
(Mangeoires et Nichoirs construits au Québec)

Ontario :

Conservation Enterprises Ltd
58 Edgar Avenue, Thornhill, Ontario, L4J 1S6

Yule Hyde Associates Ltd
250 Rayette, Unit 10, Concord, Ontario, L4K 1B1

France :

* Magasins NATURE & découvertes :

C.C. Forum des Halles - 75001 Paris - Tél. : 40 28 42 16

Les 3 Quartiers - 75001 Paris - Tél. : 49 27 07 58

C.C. Italie 2 - 75013 Paris - Tél. : 45 88 28 28

61, rue de Passy - 75016 Paris - Tél. : 42 30 53 87

C.C. Les Quatre Temps - 92092 Paris la défense - Tél. : 47 75 02 69

C.C. Parly 2 - 78150 Le Chesnay - Tél. : 39 54 54 78

C.C. Les Arcades - 93160 Noisy-Le-Grand - Tél. : 49 32 10 20

C.C. Créteil Soleil - 94000 Créteil - Tél. : 49 80 91 23

C.C. Art de Vivre - 95610 Eragny - Tél. : 34 21 85 11

C.C. Centre Bourse - 13231 Marseille - Tél. : 91 91 98 98

64, rue de la Pomme - 31000 Toulouse - Tél. : 61 22 63 20

C.C. Mériadeck - 33092 Bordeaux - Tél. : 56 24 59 23

C.C. Colombia - 35000 Rennes - Tél. : 99 31 38 00

C.C. "Grand Place" - 59000 Lille - Tél. : 20 13 93 93

58, rue de la République - 69002 Lyon - Tél. : 78 38 38 74

C.C. La Part Dieu - 69431 Lyon - Tél. : 78 95 05 25

Les photos de grains, graines, autres aliments et mangeoires, ainsi que tous les croquis sont de Peter Lane.

PRÉFÉRENCES ALIMENTAIRES DES OISEAUX DE MANGEOIRES					
NOURRITURE PRÉFÉRÉE / **ESPÈCES D'OISEAUX**	SF. & BA.	AR.	TO.	MA.	ML.	CH.

ESPÈCES D'OISEAUX	SF. & BA.	AR.	TO.	MA.	ML.	CH.
PIC CHEVELU & MINEUR & AUTRES.	1	2	2	3		
MÉSANGES	2	1	2	•		3
SITTELLES	1	1	2	3		
GRIMPEREAU BRUN	1	2	•★	2		
ROITELETS	1	2	•★	3		
PARULINE À CROUPION JAUNE	1	2	2★	3		
TROGLODYTE DE CAROLINE	1	2	2★	3		
MOQUEUR POLYGLOTTE ☆	1	2	•	3		
GRIVES & MERLES ☆	1	•	•			
ÉTOURNEAU SANSONNET ☆	1	3		2	•	
GEAI DU CANADA	1	2	•	3		
GEAI BLEU	3	1	2❂	2▲	•	
GÉLINOTTE HUPPÉE			•	1▲	2	
PERDRIX GRISE			•	1▲	2	
TOURTERELLE TRISTE		•	1	2▲	1	3
PIGEON BISET			•	1▲	2	
ROSELINS	•	3	1	3	2	1
SIZERINS	•	3	2	3	3	1
CHARDONNERETS	•	3	1★	3	2	!
BECS-CROISÉS		2	1			
DURS-BECS DES PINS ☆			1		•	
GROS-BEC ERRANT		2	1	•	•	2
CARDINAL ROUGE	•	3	1	2	2	3
TOHI À FLANCS ROUX	•	3	2	3	1	3
JUNCO ARDOISÉ	•	3	2	3	1	3
BRUANTS	•	3	2	2	1	3
MOINEAU DOMESTIQUE	•	2	2	1	1	3
CAROUGE À ÉPAULETTES	3	3	2	1	1	
VACHER À TÊTE BRUNE		•	3	2	1	
QUISCALE BRONZÉ	3	2	1	1		
QUISCALE ROUILLEUX	3		2	1	1	
BRUANT DES NEIGES				1	2	

ÉDITION DÉC. 87 P. LANE

LÉGENDE : AR. : ARACHIDES
SF. : SUIF DE BOEUF , BA. : BEURRE D'ARACHIDES, TO. : TOURNESOL NOIRE & TO. RAYÉ
MA. : MAÏS CONCASSÉ & A POPCORN   , ML. : MILLET BLANC, CH. : CHARDON .

☆ : ESPÈCES PLUTÔT FRUGIVORES EN HIVER. , ▲ : MAÏS À "POPCORN"
★ : TOURNESOL ÉCALÉ   , • : CHOIX TRÈS OCCASIONNEL(S)
❂ : TOURNESOL RAYÉ   , 1-2-3 : INDICES DE PRÉFÉRENCE .

CHAPITRE 2

LISTE DES PRINCIPALES ESPÈCES D'OISEAUX QUI FRÉQUENTENT LES MANGEOIRES EN HIVER, AU QUÉBEC

Introduction

Dans ce chapitre, le lecteur trouvera, en premier lieu, une liste illustrée des principales espèces d'oiseaux qui fréquentent soit les mangeoires ou les arbres fruitiers des quartiers résidentiels et des forêts. Ces différentes espèces d'oiseaux appartiennent à cinq (5) grands groupes différents (les nicheurs sédentaires, les nicheurs résidants, les visiteurs hivernants, les nicheurs migrateurs et les visiteurs accidentels au Québec). En début de chapitre, vous trouverez les définitions précises de ces cinq (5) groupes, fournies par M. Normand David.

Le lecteur trouvera aussi une photographie en couleurs du mâle et de la femelle (si requis) ainsi qu'une fiche technique :

Nom français de l'oiseau

(*Nom scientifique*)
Famille de l'oiseau
Sous-famille de l'oiseau (si indiquée)

Longueur totale en millimètres
Statut de l'oiseau et indice d'abondance au Québec

Et des renseignements divers sur les habitats fréquentés par l'oiseau.

Le régime alimentaire naturel de l'oiseau.

La nourriture recommandée aux mangeoires ou le menu préféré par l'oiseau.

Notes et remarques spéciales.

Puis à la fin du chapitre 2, dans l'appendice, figure une liste d'autres espèces d'oiseaux susceptibles de visiter vos mangeoires un jour ou l'autre, que ce soit en hiver ou en été, ainsi que leurs préférences alimentaires.

Notez bien que ce chapitre sur les oiseaux n'est pas un guide d'identification. Donc, je n'ai donné aucun renseignement sur l'identification des différentes espèces traitées dans ce livre car il existe une foule d'excellents guides conçus à cet effet et qui vous renseigneront pour identifier un oiseau mieux que je ne pourrais le faire.

Définition des cinq grands groupes

Nicheurs sédentaires

Ce sont des espèces qui n'effectuent aucune véritable migration; elles peuvent cependant se déplacer de quelques kilomètres, de sorte qu'on peut les voir en hiver un peu à l'extérieur de leur milieu naturel.

Nicheurs résidants

Ce sont aussi des espèces qu'on voit ici à longueur d'année mais l'importance de leurs effectifs hivernants peut varier considérablement d'une année à l'autre car on note chez ces espèces des mouvements migratoires. Principalement entrepris par les jeunes et les femelles, ces déplacements sont souvent liés aux facteurs complexes qui régissent la disponibilité de leurs aliments naturels. Ces oiseaux peuvent donc être aperçus à tout moment.

Visiteurs hivernants

Ce sont des espèces qui nichent dans les régions boréales et arctiques. Chaque hiver, elles viennent séjourner dans nos régions habitées ; elles sont habituellement présentes de la fin octobre à la fin avril.

Nicheurs migrateurs

Ce sont des espèces qui arrivent ici au printemps, nichent et quittent le Québec avec la venue de l'hiver.

La grande majorité de leurs effectifs vont hiverner au sud de nos frontières. Certaines espèces visitent régulièrement les postes d'alimentation à l'automne comme au printemps, d'autres y apparaissent plus souvent à l'automne, parfois même jusque tard en décembre. Ce n'est qu'une très petite fraction de leur population qui réussit à survivre ici en hiver.

Visiteurs accidentels ou exceptionnels

Ce sont des espèces qui habitent hors des frontières du Québec. Il arrive parfois que ces espèces apparaissent au Québec, soit accidentellement ou dû à une expansion progressive vers le Nord de leur aire habituelle. C'est le cas de trois (3) espèces mentionnées dans ce livre ; le Pic à ventre roux *(Melanerpes carolinus),* la Mésange bicolore *(Parus bicolor)* et le Roselin familier *(Carpodacus mexicanus).* Ces trois (3) espèces proviennent de la Nouvelle-Angleterre et du sud de l'Ontario.

Pictogrammes

 Habitats fréquentés par l'oiseau

 Régime alimentaire naturel en hiver

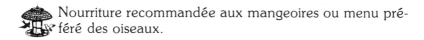 Nourriture recommandée aux mangeoires ou menu préféré des oiseaux.

* Notes et remarques pertinentes.

L.T. : Longueur totale de l'oiseau ; elle se mesure du bout du bec à l'extrémité de la queue.

Zone couverte
par cet ouvrage

(ZONE HACHURÉE)

(carte du Québec)

la Gélinotte huppée

(*Bonasa umbellus*)
Famille : *Phasianidae*

Longueur totale : 450 mm
Nicheur sédentaire
  occasionnel

(photo : Christian Marcotte)

La Gélinotte huppée habite la forêt mixte, ses lisières et ses clairières. Elle fréquente aussi les vergers abandonnés, les forêts de feuillus où il y a des massifs de conifères dont elle a besoin pour se réfugier et dormir (elle dort aussi sous la neige molle quand cela est possible). La gélinotte visite souvent les îlots boisés des quartiers de banlieue, même très

près des habitations. Si vous possédez une arrière-cour adossée à la forêt, vous serez peut-être un des privilégiés à recevoir la visite de ce magnifique gallinacé, à vos mangeoires.

En hiver, la Gélinotte huppée se nourrit essentiellement de bourgeons, de graines et de petits fruits (sauvages ou cultivés), de plusieurs espèces d'arbres, d'arbustes et de vignes, dont en voici une liste partielle :

Peupliers sp.	B		Pommetiers sp.	F-B-G
Saules sp.	B		Aronias noirs	F
Bouleaux sp.	B-G *		Cornouillers sp.	F
Ostryers			Hamamélis	
de Virginie	B-F		de Virginie	B-G
Sorbiers sp.	B-F		Genévriers sp.	F
Érables sp.	B-G		Nerpruns sp.	B-F
Cerisiers sp.	B		Célastres	
Noisetiers à	B-F (fin		grimpants	F
long bec	automne)		Berbéries sp.	F
Chênes sp.	B-F (fin		Viornes sp.	F
	automne)		Aubépines sp.	F
Aulnes sp.	B-G		Sumacs	
Rosiers sp.	B-F		vinaigriers	F
Pruches				
du Canada	A-G			
Charmes				
de Caroline	B-F *			
Mélèzes sp.	G			
Pins sp.	G			
Sapins baumier	A-B-G			
	(fin		LÉGENDE	
	automne)			
Sumacs grimpants	F		sp = genre botanique	
Symphorines			B = bourgeon	
blanches	F		F = fruits	
Houx verticillés	F		G = graines	
Viornes trilobées	F		A = aiguilles	
Pommiers sp.	F-B-G		* = préférence	

La gélinotte consomme aussi quantité de petits graviers, sable, sel et calcium qu'elle recherche le long des routes peu achalandées. Ces matières minérales, en plus de lui apporter des sels minéraux, servent à moudre les grains, graines et noyaux durs, ingurgités dans son gésier.

La Gélinotte huppée visite fréquemment les mangeoires situées dans son territoire. Elle y paraît seulement à l'aube et au crépuscule, rarement en plein jour. Sa nourriture préférée est le **maïs concassé**, le **blé**, l'**orge** et l'**avoine**. Elle accepte aussi du sarrasin, du millet, de l'alpiste, du tournesol et des fruits (pommes et baies sauvages ou cultivées).

✳ **Sa mangeoire préférée est le sol.** Donc servez-lui votre grain sous un abri de branches de conifères conçu à cette fin.

Abri de sapinage pour Gélinotte

la Tourterelle triste

(*Zenaida macroura*)
Famille : *Columbidae*

Longueur totale : 300 mm
Nicheur migrateur (rare
    en hiver)

(photo : Peter Lane)

Cette tourterelle fréquente les régions habitées. Elle se rencontre dans les bois clairs aussi bien feuillus que résineux ainsi que dans les bosquets de campagne et des banlieues avec massifs de conifères qui lui assurent un bon refuge. Elle fréquente aussi les terres incultes, les champs cultivés et le long des routes peu achalandées.

En hiver, la Tourterelle triste se nourrit principalement de graines de mauvaises herbes, de graines de Pins blancs, de Pins rouges, d'Épinettes et d'Aulnes. Elle consomme aussi des petits fruits sauvages, comme ceux des Sumacs vinaigriers, Houx verticillés, Genévriers de Virginie et autres. Elle est friande de grains de diverses céréales (maïs, blé, avoine, orge...) qu'elle peut trouver lors de ses visites dans les champs cultivés. La tourterelle a aussi besoin de petits graviers, sable et calcium pour moudre les graines et grains durs ingurgités dans son gésier. C'est à ce moment qu'elle s'observe le long des routes.

Elle apparaît aux mangeoires tard en automne ou très tôt au printemps (mars), quoique quelques individus hivernent sans trop de mal apparent. Sa nourriture préférée est le **maïs concassé**, le **millet blanc** et le **tournesol noir**. Elle accepte aussi du sarrasin, du blé, de l'avoine, de l'orge, du sorgho, du chardon, des noix, du tournesol, du colza et de l'alpiste.

La tourterelle se nourrit principalement au sol et dans les plateaux.

le Pic chevelu

(*Picoides villosus*)
Famille : *Picidae*

Longueur totale : 240 mm
Nicheur résidant commun.

Ce pic est un habitant de la forêt. En hiver, plusieurs individus se déplacent en terrain plus découvert. Il se rencontre dans une grande variété d'arbres, en milieu habité ou sauvage, pour chercher sa nourriture. Durant cette saison, il s'observera dans les boisés de fermes, dans les parcs boisés des milieux urbains (surtout en banlieue), dans les vergers, dans les arbres d'ornement des quartiers résidentiels et bien entendu aux mangeoires (c'est un visiteur régulier).

Le Pic chevelu se nourrit presque exclusivement d'insectes de toutes phases (œufs, pupes, larves et adultes) qu'il extrait des fissures de l'écorce des arbres ou sous celle-ci. Afin de varier son menu animal, il consommera des graines de Pins blancs, de Pins rouges et d'Épinettes de toutes les espèces ainsi que des petits fruits, surtout ceux des Pommiers, Nerpruns cathartiques, Sumacs grimpants, Sumacs vinaigriers et quelques autres.

Il affectionne particulièrement le **suif de bœuf**, le **saindoux pur-lard**, le **beurre d'arachides** et la **graisse de bacon**. Accepte volontiers du tournesol, des noix, du maïs concassé, du fromage, du gras de poulet et des demi-pommes.

Mangeoires : Troncs d'arbres, bûches, sac de suif, plateaux et autres types avec perchoirs ou rebords.

mâle
(photo : Roger Larose)

femelle
(photo : Peter Lane)

le Pic mineur

(*Picoides pubescens*)
Famille : *Picidae*

Longueur totale : 160 mm
Nicheur résidant commun.

Ce petit pic se rencontre en terrain plus découvert que le Pic chevelu. Soit dans les régions à fermes clairsemées d'arbres, dans les vergers, dans les lots boisés, parcs et jardins semi-urbains. En hiver, il devient un résidant des parcs urbains et fréquente les arbres ornementaux et les mangeoires qu'il visite régulièrement.

Quelquefois, le Pic mineur s'aventure dans les champs pour se nourrir à la tête de certaines plantes (comme sur les «galles» de la Verge-d'Or) afin d'en extraire les insectes, les larves ou les œufs qui s'y cachent.

Comme le Pic chevelu le Pic mineur se nourrit presque exclusivement d'insectes de toutes phases (œufs, pupes, larves et adultes) qu'il extrait des fissures de l'écorce des arbres ou sous celle-ci. Afin de varier son menu animal, il consommera des graines de Pins blancs, de Pins rouges et d'Épinettes de toutes les espèces ainsi que des petits fruits, surtout ceux des Pommiers, Nerpruns cathartiques, Sumacs grimpants, Sumacs vinaigriers et quelques autres.

Comme le Pic chevelu, il affectionne particulièrement le **suif de bœuf**, le **saindoux pur-lard**, le **beurre d'arachides** et la **graisse de bacon**. Accepte volontiers du tournesol, des noix, du maïs concassé, du fromage, du gras de poulet et des demi-pommes.

Durant la saison froide, le Pic mineur s'associe souvent aux troupes de Mésanges à tête noire et de Sittelles à poitrine blanche.

mâle
(photo : Peter Lane)

femelle
(photo : Normand David)

le Pic flamboyant

(*Colaptes auratus*)
Famille : *Picidae*

Longueur totale : 330 mm
Nicheur migrateur
    (inusité en hiver)
(photo : Denis Faucher)

mâle

En hiver, ce magnifique pic se retrouve dans divers habitats en milieux habités, **là où il y a des arbres fruitiers** (vergers, parcs, jardins et quartiers résidentiels) et des mangeoires, ainsi que dans les forêts clairsemées et dans les brûlis.

Le Pic flamboyant est principalement frugivore en hiver. Il recherchera les petits fruits des arbres et arbustes suivants :

Sumacs-vinaigriers
Sumacs grimpants
Sorbiers sp.
Aubépines sp.
Oliviers de Bohème
Houx verticillés

Viornes trilobées
Genévriers de Virginie
Pommiers sp.
Pommetiers sp.
Rosiers sp.
Vignes vierges

Pour varier son menu, il consommera des œufs et des pupes d'insectes qu'il pourra trouver sous l'écorce des vieux arbres morts.

Il aime le suif de bœuf, le beurre d'arachides, les raisins secs, des tranches de pommes, des demi-oranges, des petits fruits, des noix broyées et du pain.

Mangeoires : Troncs d'arbres, bûches, sol et plateaux.

Rares sont les oiseaux qui réussissent à hiverner au Québec car les périodes de froid intense et le verglas ont vite fait de les décimer.

le Grand Pic

(*Dryocopus pileatus*)
Famille : *Picidae*

Longueur totale : 450 mm
Nicheur sédentaire rare
(*photo : Christian Marcotte*

mâle

72

Ce grand pic réside dans les peuplements boisés matures. Durant la saison froide, il s'aventure dans les îlots boisés matures des banlieues et de certains quartiers résidentiels.

Le Grand Pic se nourrit principalement d'insectes foreurs (scarabées, longicornes, etc.) et de fourmis charpentières, de leur œufs, pupes et larves qui infestent les arbres. Pour agrémenter ce régime animal, il consommera des graines de Pins rouges, de Pins blancs et d'Épinettes blanches ainsi que des petits fruits de Houx verticillés, Nerpruns cathartiques, Sumacs vinaigriers, Viornes trilobées (pimbina), Viornes cassinoïdes, Célastres grimpants, Parthénocisses (vignes vierges), Cornouillers stolonifères et rugueux et enfin des glands et des noisettes (en fin d'automne).

C'est un rare visiteur aux mangeoires car ce pic majestueux est méfiant envers l'homme. Il préfère un bon gros morceau de **suif de bœuf** fixé sur un tronc d'arbre et du beurre d'arachides dans une grosse bûche. Des noix, des arachides et du maïs concassé sont aussi consommés.

Mangeoires : Troncs d'arbres, grosses bûches et plateaux.

En forêt, il révèle sa présence par les grands trous rectangulaires qu'il creuse communément dans les vieux cèdres, les pins, les pruches, les épinettes et dans quelques vieux arbres, feuillus morts et infestés d'insectes. Quelquefois, il fait entendre son cri sonore, retentissant et hésitant, interprété comme un « kok-kok-kok-kokkok-kok-kokkokkok... ».

le Mésangeai du Canada

(le Geai du Canada)
(Perisoreus canadensis)
Famille : *Corvidae*

Longueur totale : 310 mm
Nicheur résidant rare.
(photo : Peter Lane)

Le Geai du Canada réside dans les forêts boréales conifériennes et dans les forêts mixtes où dominent les conifères. Il visite souvent les centres de ski de fond, les camps de trappeurs, de chasseurs et de bûcherons des forêts nordiques, pour y quêter de la nourriture.

Son régime alimentaire ressemble à celui des autres corvidés (omnivore et nécrophage). Il se contente de tout ce qui peut lui tomber sous le bec, allant de bourgeons, petits fruits sauvages, graines diverses, déchets de table, petits rongeurs et carcasses d'animaux morts. Les excursionnistes et les travailleurs des forêts boréales le connaissent bien et lui donnent diverses nourritures qu'il vient chercher dans la main (noix, fromage, pain, etc...).

Il affectionne le **suif de bœuf**, les **restes de table**, les fèves au lard, les noix, les fruits, le pain et le maïs. En général, il n'est pas difficile et se contente de tout ce qu'il peut trouver à votre poste d'alimentation.

Mangeoires : Vient se nourrir dans tous les genres de mangeoires.

Ce magnifique oiseau des forêts du nord est un fidèle compagnon du «nemrod nordique». Il est peu méfiant envers l'homme et vient se nourrir dans sa main sans trop d'hésitation.

le Geai bleu

(*Cyanocitta cristata*)
Famille : *Corvidae*

Longueur totale : 300 mm
Nicheur résidant très
   commun.
(photo : Denis Faucher)

Ce «criard» bleu est un habitant des forêts de feuillus et mixtes. Il est plus abondant dans les hêtraies et dans les chênaies. Cet oiseau répond bien à la civilisation et se rencontre communément dans les secteurs boisés des campagnes, dans les banlieues, dans certains parcs urbains boisés, même dans les arbres d'ornement des quartiers résidentiels et aux mangeoires qu'il visite régulièrement.

Son régime alimentaire est en grande partie végétarien. Grand consommateur de glands, noix et faînes, il se fait des provisions en automne, en prévision de la saison froide. Il consomme aussi divers petits fruits des pommiers, aubépines, sumacs vinaigriers et des graines de bouleaux. En automne, il s'aventure dans les champs de maïs et il se fait des provisions pour l'hiver.

Il préfère particulièrement les **arachides**, le **maïs concassé**, le **tournesol** et les **noix**. En général, il mange de tout; suif, grains divers, fruits, restes de tables, graines de citrouilles, etc...

* Les Geais bleus ont une certaine importance aux mangeoires car se sont eux qui, en cas de danger, donnent l'alerte générale avec leur sonore «djédjé».

Mangeoires : il vient à tous les genres de mangeoires.

la Mésange à tête noire

(Parus atricapillus)
Famille : *Paridae*

Longueur totale : 130 mm
Nicheur résidant abondant.

(photo : Peter Lane)

Forêt mixte et feuillue; jardins et parcs boisés des banlieues, des campagnes et des secteurs urbains; arbres d'ornement des quartiers résidentiels et aux mangeoires qu'elle visite très régulièrement.

Elle se nourrit principalement de pupes et d'œufs, d'insectes et d'araignées qu'elle déloge des fissures de l'écorce des arbres, des ramilles et des bourgeons ainsi que dans les vieux nids d'oiseaux. La mésange agrémente son régime animal avec des graines de Pins blancs, de Pins rouges, de Pruches du Canada. d'Épinettes blanches, d'Épinettes rouges, d'Épinettes bleues, d'Épinettes de Norvège et de Sapin baumier (en fin d'automne) ainsi que de graines de Bouleaux et de certaines plantes à graines. Quelques petits fruits sont aussi consommés, surtout ceux des Sumacs-vinaigriers, Sumacs grimpants, Sorbiers sp., Aronias noirs, Vignes vierges et quelques autres.

Graines de tournesol, **noix** et **arachides hachées**, suif de bœuf, graisse de bacon, beurre d'arachides, saindoux pur-lard et graines de citrouille sont très appréciés en tout temps.

Mangeoires : Se nourrit dans tous les genres de mangeoires.

✱ La Mésange à tête noire est le fidèle symbole des mangeoires de nos régions. Elle est omniprésente et devient très familière lorsqu'on la nourrit bien. Elle vient volontiers manger des morceaux de noix et d'arachides dans la main.

Notez avec quelle facilité elle ouvre une graine de tournesol. Elle la tient entre ses orteils et avec l'aide de son petit bec robuste et pointu, elle frappe l'écale jusqu'à ce qu'elle casse pour enfin manger le contenu. Cette opération demande en moyenne une douzaine de secondes.

Son cri commun est un « chick-a-dee-dee » qui sert à garder contact avec le reste de sa troupe.

Elle émet aussi un « dee-dee-dee » lors d'une escarmouche avec une de ses semblables. Et dès février, elle fait entendre son chant réel, un doux sifflement « Feeeebee feeeebee » dont la première note est plus haute.

la Mésange à tête brune

(*Parus hudsonicus*)
Famille : *Paridae*

Longueur totale : 130 mm
Nicheur résidant fréquent.

(photo : Roger Larose)

Cette jolie mésange habite la forêt boréale coniférienne ou mixte où dominent les conifères. Elle est peu commune dans les secteurs habités car elle est beaucoup plus timide que sa «consœur» à tête noire, quoiqu'elle visite souvent les mangeoires de son secteur.

Son régime ressemble beaucoup à celui de la Mésange à tête noire mais elle consomme beaucoup plus de graines de conifères, surtout celles des Pruches du Canada, des Pins blancs, des Pins rouges et des Épinettes et quelques petits fruits sauvages à l'occasion.

Graines de tournesol, **noix** et **arachides hachées**, suif de bœuf, graisse de bacon, beurre d'arachides, saindoux pur-lard et graines de citrouille sont très appréciés en tout temps.

la Sittelle à poitrine blanche

(*Sitta carolinensis*)
Famille : *Sittidae*

Longueur totale : 140 mm
Nicheur sédentaire fréquent.

(photo : Pierre Tremblay)

Elle se rencontre généralement dans les forêts matures de feuillus ou mixtes où les feuillus dominent. Cette sittelle fréquente aussi les vergers, les parcs urbains avec de grands bosquets de feuillus matures, visite aussi les arbres d'ornement des quartiers résidentiels et elle visite souvent les mangeoires.

Cette grande destructrice d'insectes soutire la majeure partie de sa nourriture (pupes et oeufs d'insectes et d'araignées) dans les fissures de l'écorce des vieux arbres. Elle consomme aussi des glands, des noix et des faînes dont elle fait provision en automne en prévision de la saison froide. Elle mange aussi des graines de pins, d'épinettes et de bouleaux. Elle consomme aussi quelques fruits, surtout ceux des sorbiers.

Cette visiteuse enthousiaste a un faible pour le **suif de boeuf**, le **beurre d'arachides**, le **saindoux**, les **noix**, le **tournesol**, les graines de citrouilles et le maïs concassé.

Mangeoires : Elle se nourrit dans tous les genres de mangeoires.

✱ Les sittelles ont cette curieuse habitude qui les caractérise soit celle de descendre sur les troncs d'arbres la tête la première (voir photo).

Au cours de l'hiver, la Sittelle à poitrine blanche s'associe souvent aux mésanges, aux pics mineurs et aux autres sittelles.

Beau temps, mauvais temps, cette sittelle a toujours un son à émettre soit des «gnac-gnac-gnac» nasillards ou une série de «it it it it it it...» enjoués qui ressemblent à un petit rire moqueur.

la Sittelle à poitrine rousse

(*Sitta canadensis*)
Famille : *Sittidae*

Longueur totale : 110 mm
Nicheur résidant fréquent.

(photo : Charles Vachon)

Cette petite sittelle se rencontre dans la forêt conifé-rienne ou mixte. En hiver, elle s'étend davantage et s'observe alors en milieu habité ; parcs boisés, grands bosquets des quartiers résidentiels où il y a des conifères et des mangeoires.

Son régime alimentaire hivernal semble être constitué principalement de graines de conifères, surtout celles des pins, épinettes et mélèzes. Elle agrémente son menu avec des oeufs et des pupes d'insectes et d'araignées puis consomme à l'occasion des graines de bouleaux et quelques petits fruits de sumacs vinaigriers.

Elle est friande de **beurre d'arachides**, de **noix**, de **suif de bœuf**, de **graisse de bacon** quoiqu'elle ne néglige pas le saindoux pur-lard «Tenderflake», les graines de tournesol et de citrouilles ainsi que les arachides.

Mangeoires : Elle se nourrit dans tous les genres de mangeoires.

le Grimpereau brun

(*Certhia americana*)
Famille : *Certhiidae*

Longueur totale : 130 mm
Nicheur migrateur occasionnel

(photo : Peter Lane)

Cet oiseau très discret se rencontre en forêt mature aussi bien coniférienne que feuillue, boisés de fermes, parcs boisés des milieux semi-urbains et s'observe même dans les arbres ornementaux près des habitations et aux mangeoires adjacentes à la forêt.

Ce petit grimpeur se nourrit essentiellement de pupes, d'œufs et de larves d'insectes et d'araignées qu'il déloge en fouillant minutieusement les moindres recoins et fissures de

l'écorce des arbres matures ou morts. Il agrémente ce menu avec des graines de Pins blancs, Pins rouges et Pins rigides.

 Il affectionne tout particulièrement le **beurre d'arachides**, le **saindoux pur-lard**, la **graisse de bacon** et le **suif de boeuf** (badigeonnez ou graissez le tronc des vieux arbres avec ces matières grasses, c'est la meilleure mangeoire à aménager pour lui). Il accepte aussi des noix finement hachées et du maïs concassé.

Mangeoires : Troncs d'arbres, bûches et sacs de suif.

* Ce curieux insectivore a une méthode bien à lui de se nourrir sur les troncs d'arbres. Très tôt le matin, il escalade en spirale le tronc des arbres, de bas en haut, descendant et remontant de façon saccadée, pour qu'aucune proie ne lui échappe. Puis arrivé en haut de l'arbre, il s'envole au pied d'un autre et recommence son stratagème plusieurs dizaines de fois par jour et ce, jusqu'au coucher du soleil.

Note : Une petite fraction de la population réussit à hiverner au Québec chaque hiver.

le Roitelet à couronne dorée

(Regulus satrapa)
Famille : *Muscicapidae*
(Sous-famille : *Sylviinae*)

Longueur totale : 90 mm
Nicheur migrateur (rare en hiver)

(photo : Christian Marcotte)

femelle

Ce « nain ailé » fréquente la forêt coniférienne ou mixte. Il semble peu fréquenter les secteurs habités (seulement les secteurs où il y a suffisamment de massifs conifériens).

Ce minuscule oiseau se nourrit principalement de pupes, d'oeufs, de larves et d'adultes d'insectes et d'araignées trouvés ici et là dans les fissures de l'écorce des arbres, dans les ramilles et dans les bourgeons des conifères. Il se nourrit occasionnellement de petites graines et rarement de petits fruits sauvages.

Le roitelet est un oiseau très indépendant et ne se nourrit qu'occasionnellement aux mangeoires. Il préfère le **beurre d'arachides**, le **saindoux** et le **suif de bœuf**. Accepte aussi des noix finement broyées.

Mangeoires : Il se nourrit dans tous les genres de mangeoires.

le Merle d'Amérique

(*Turdus migratorius*)
Famille : *Muscicapidae*
(Sous-famille : *Turdinae*)

Longueur totale : 250 mm
Nicheur migrateur (occasionnel en hiver)

(photo : Denis Faucher)

En hiver, le merle se rencontre **là où il y a des arbres fruitiers**, villes, banlieues, campagnes, forêts... même dans vos arbres fruitiers sur vos parterres.

Essentiellement frugivore **en hiver**, il recherchera les petits fruits (sauvages ou cultivés) des arbres et arbustes suivants :

Pommiers sp.
Pommetiers sp.
Berbéris vulgaires
Cornouillers stolonifères
Aubépines sp.
Oliviers de Bohême
Houx verticillés
Pyracanthes sp.
Cotoneasters sp.
Sumacs-vinaigriers
Genévriers communs
Genévriers de Virginie
Rosiers sp.
Symphorines blanches

Viornes trilobées
Viornes à feuilles d'Érable
Viornes cassinoïdes
Viornes lentago
Sorbiers (toutes les espèces)
Nerpruns cathartiques
(Vignes vierges)
(Célastres grimpants)
(Ménispermes du Canada)

N.B. Les trois dernières
    espèces sont des genres
    de vignes.

mâle

Se nourrit rarement aux mangeoires, seulement s'il y est vraiment obligé (en cas de pénurie de nourriture naturelle).

Il y consommera (au sol ou dans un plateau) divers fruits coupés en cubes (pommes, poires, bananes), raisins secs et cerises rouges à salade. Accepte aussi du suif de boeuf, du beurre d'arachides, des noix broyées, du tournesol écalé et du fromage.

✳ Une petite partie de la population réussit à hiverner au Québec chaque hiver.

le Moqueur polyglotte

(*Mimus polyglottos*)
Famille : *Mimidae*

Longueur totale : 250 mm
Nicheur migrateur (rare en hiver)

(photo : Peter Lane)

Ce moqueur affectionne les quartiers résidentiels **là où il y a des arbres fruitiers** et des fourrés qui lui procureront nourriture et abri.

En hiver, le Moqueur polyglotte est essentiellement frugivore. Donc, il recherchera les petits fruits des arbres et arbustes suivants :

Pommetiers décoratifs
Pommiers divers
Sorbiers (toutes les espèces)
Rosiers multiflores et autres
Berbéris vulgaires
Pyracanthes écarlates
Houx verticillés

Genévriers de Virginie
Nerpruns cathartiques
Sumacs-vinaigriers
(en dernier recours)
Viornes trilobées (pimbina)
(en dernier recours)

Il préfère le **beurre d'arachides**, les **raisins secs**, les raisins de Corinthe, le suif de boeuf, des tranches de pommes, de poires et de bananes. Accepte aussi des noix hachées, des figues et du pain.

Mangeoires : sol et plateau.

Notez que ce moqueur n'est pas un visiteur assidu des mangeoires. Il y apparaît de temps en temps. Les arbres fruitiers retiendront beaucoup plus son attention.

* Le Moqueur polyglotte a récemment étendu son aire de distribution plus au nord. Il hiverne de plus en plus fréquemment au Québec mais avec beaucoup de mal. Ce moqueur est très territorial et possessif. Il ne laissera aucune espèce d'oiseaux s'approcher de l'arbre fruitier ou de la mangeoire qu'il fréquente. Il chasse énergiquement tous les intrus.

le Jaseur boréal

(*Bombycilla garrulus*)
Famille : *Bombycillidae*

Longueur totale : 200 mm
Visiteur hivernant fréquent.

(photo : Jean Giroux)

Cet élégant jaseur se rencontre partout **où il y a des arbres fruitiers**, aussi bien très près des habitations qu'en forêt.

Strictement frugivores en hiver, les jaseurs rechercheront les petits fruits (sauvages ou cultivés) des arbres, arbustes et vignes suivants :

Genévriers de Virginie
Pommetiers décoratifs
Pommiers (de tous genres)
Sorbiers (de tous genres)
Aronias noirs
Berbéris vulgaires
  et de Thunberg
Cornouillers (de tous genres)
Aubépines (de tous genres)
Oliviers de Bohême

Houx verticillés
Pyracanthes écarlates
Nerpruns cathartiques
Rosiers (de tous genres)
Sumacs-vinaigriers
Viornes trilobées (pimbina)
Cotoneasters (de tous genres)
Célastres grimpants
Sumacs grimpants

Les jaseurs fréquentent que très rarement les mangeoires. Ils y apparaîtront seulement s'il survenait une sérieuse pénurie de nourriture naturelle. Alors là, servez-leur, **au sol ou sur un plateau**, une variété de fruits, tranches de pommes, poires, cerises rouges, raisins secs et petits fruits sauvages ou cultivés (petits fruits que vous aurez cueillis en automne et mis à congeler jusqu'à utilisation pour vos hôtes).

✱ Le Jaseur boréal ne niche pas au Québec. Il nous arrive directement des forêts boréales de l'Ouest canadien. Dès la mi-octobre, les premiers individus viennent envahir les arbres fruitiers.

Ces oiseaux vagabondent parfois en grands groupes de plusieurs individus.

N.B. : Le Jaseur des cèdres peut se rencontrer aussi en hiver au Québec.

le Cardinal rouge

(*Cardinalis cardinalis*)
Famille : *Emberizidae*
(Sous-famille : *Cardinalinae*)

Longueur totale : 210 mm
Nicheur sédentaire rare et local

(photo : Christian Marcotte)

mâle

Ce bel oiseau fréquente les bosquets broussailleux et les fourrés enchevêtrés des parcs, des jardins et des quartiers résidentiels là où il y a des arbres fruitiers et à graines, des plantes à graines et des mangeoires.

En hiver, le cardinal se nourrit de graines de plantes et d'arbres divers, de bourgeons et de petits fruits. Voici une liste des arbres, arbustes et vignes recherchés :

Frênes blancs	G	Rosiers sp	F
Frênes rouges	G	Viornes trilobées	F
Pins blancs	G	Célastres grimpants	F
Pins rouges	G		
Pommetiers décoratifs	F		
Pommiers sp	F		
Aubépines sp	F		
Oliviers de Bohême	F	LEGENDE :	
Houx verticillés	F	sp = genre botanique	
Sumacs-vinaigriers	F	G = graines	
Sumacs glabres	F	F = fruits	

Il préfère le **tournesol**, le **maïs concassé** et le **millet blanc**. Accepte aussi des graines de citrouilles et de cantaloupes, de l'alpiste, du blé, de l'avoine, du sarrasin, des noix, du pain et des raisins secs.

Mangeoires : Sol, plateau et autres types avec perchoir.

Le Cardinal rouge a connu (durant les dernières années) une expansion d'aire vers le nord, due probablement aux postes d'alimentation hivernaux. Il niche maintenant dans le sud du Québec (Outaouais, Estrie et Montréal). Bientôt il nichera dans la région de Québec si ce n'est déjà fait. Voici donc un résultat positif de l'augmentation sans cesse grandissante du nombre de postes d'alimentation en hiver. Ceci aidant certaines espèces à s'établir en sol québécois.

pinson

le Bruant hudsonien

(Spizella arborea)
Famille : *Emberizidae*
(Sous-famille : *Emberizinae*)

Longueur totale : 150 mm
Visiteur hivernant rare
(photo : Christian Marcotte)

le Bruant chanteur

(Melospiza melodia)
Famille : *Emberizidae*
(Sous-famille : *Emberizinae*)

Longueur totale: 150 mm
Nicheur migrateur (rare en hiver)
(photo : Normand David)

le Bruant à gorge blanche

pinson à (handwritten annotation)

(Zonotrichia albicollis)
Famille : *Emberizidae*
(Sous-famille : *Emberizinae*)

Longueur totale : 160 mm
Nicheur migrateur (rare en hiver)
(photo : Michel Boulianne)

La plupart de tous les bruants et juncos qui hivernent au Québec se rencontrent généralement dans les champs, en bordure des champs et des forêts, là où il y a des fourrés de plantes à graines et des arbres produisant des graines. Ils se rencontrent aussi dans les bosquets et dans les haies denses, près des habitations et des mangeoires qu'ils visitent souvent.

Tous les bruants et juncos qui tentent d'hiverner au Québec se nourrissent principalement de graines de mauvaises herbes, d'arbres et de plantes diverses. Voici une liste partielle des principales espèces.

Plantes : Amaranthes, Ambroisies, Asters, Verges-d'or, Bardanes, Chardons, Carex, Rumex, Renouées, Chicorées, Onagres, Molènes, Armoises, Chénopodes, Digitaires, Sétaires, plusieurs espèces de graminées et autres plantes.

Arbres et arbustes : Bouleaux, aulnes, pins, épinettes, pruches, mélèzes (sapins et cèdres en fin d'automne) ainsi que plusieurs autres.

Les bruants et les juncos consomment à l'occasion des petits fruits sauvages, surtout ceux des Sumacs grimpants (herbe-à-puce), Sumacs-vinaigriers, Sorbiers, Houx verticillés, Oliviers de Bohême, Aubépines, Rosiers et Berbéris.

Aux mangeoires, leur choix est axé sur le **millet blanc**, l'**alpiste** et le **tournesol**. Ils acceptent très bien le colza, le chardon, le maïs concassé, le blé, les noix hachées, les graines de citrouilles, l'avoine et le blé.

Notez que la **plupart des pinsons et juncos se nourrissent généralement au sol ou dans des plateaux** (quelquefois dans d'autres types de mangeoires avec rebords ou perchoirs).

le Junco ardoisé

(Junco hyemalis)
Famille : *Emberizidae*
(Sous-famille : *Emberizinae*)

Longueur totale : 150 mm
Nicheur migrateur
  (occasionnel en hiver)
(photo : Peter Lane)

La plupart de tous les juncos et bruants qui hivernent au Québec se rencontrent généralement dans les champs, en bordure des champs et des forêts, là où il y a des fourrés de plantes à graines et des arbres produisant des graines. Ils se rencontrent aussi dans les bosquets et dans les haies denses, près des habitations et des mangeoires qu'ils visitent souvent.

Tous les juncos et bruants qui tentent d'hiverner au Québec se nourrissent principalement de graines de mauvaises herbes, d'arbres et de plantes diverses. Voici une liste partielle des principales espèces.

Plantes : Amaranthes, Ambroisies, Asters, Verge-d'or, Bardanes, Chardons, Carex, Rumex, Renouées, Chicorées, Onagres, Molènes, Armoises, Chénopodes, Digitaires, Sétaires, plusieurs espèces de graminées et autres plantes.

Arbres et arbustes : Bouleaux, aulnes, pins, épinettes, pruches, mélèzes (sapins et cèdres en fin d'automne) ainsi que plusieurs autres.

Les juncos et les bruants consomment à l'occasion des petits fruits sauvages, surtout ceux des Sumacs grimpants (herbe-à-puce), Sumacs-vinaigriers, Sorbiers, Houx verticillés, Oliviers de Bohême, Aubépines, Rosiers et Berbéris.

Préfère le millet, l'alpiste et le maïs concassé, mais ne dédaigne pas le tournesol, les noix, le chardon, les graines de citrouilles, le beurre d'arachides et le suif.

Une petite fraction de leur population réussit à hiverner au Québec chaque hiver.

le Bruant des neiges

(Plectrophenax nivalis)
Famille : *Emberizidae*
(Sous-famille : *Emberizinae*

Longueur totale : 160 mm
Visiteur hivernant fréquent

(photo : Michel Boulianne)

Ce bruant de la toundra nous arrive dès la fin octobre et se rencontre en grandes bandes dans les terrains découverts des campagnes, dans les champs et lots vacants sans arbres des milieux habités ou pas, dans les chaumes, en bordure des routes des milieux champêtres, sur les grèves, dans les dépotoirs et dans les cours de fermes. Il évite les régions boisées. Il glane là où il y a des plantes à graines qui émergent de la surface enneignée.

Les bruants des neiges glanent tout l'hiver dans les champs afin de trouver leur principale ressource alimentaire constituée de graines de mauvaises herbes et de plantes diverses, ainsi que de graines d'arbres tombées au sol.

Les bruants des neiges visitent occasionnellement les mangeoires qu'ils peuvent découvrir. Ils **se nourrissent presque uniquement au sol**, jamais dans les arbres. Aux mangeoires, ils affectionnent particulièrement l'**avoine décortiquée**, le **maïs concassé**, l'**orge** et le **blé concassé**.

Ils sont aussi friands de millet blanc, d'alpiste et colza et occasionnellement, du sorgho et du sarrasin.

le Quiscale bronzé

(Quiscalus quiscula)
Famille : *Emberizidae*
(Sous-famille : *Icterinae*)

Longueur totale : 310 mm
Nicheur migrateur (rare en hiver).
(photo : Jean Giroux)

Cet «oiseau noir» se rencontre dans les secteurs agricoles où il y a des réservoirs et des silos à grains, dans les dépotoirs, à la ferme et en milieu urbain ou de banlieue, où il y a des mangeoires bien approvisionnées (de ses aliments préférés). Il adoptera cette mangeoire jusqu'au printemps.

Le Quiscale bronzé est plutôt omnivore et il consomme tout ce qui peut lui tomber sous le bec : graines de pins, graines de plantes diverses, grains de diverses céréales, des fruits de sorbiers, pommiers, oliviers de Bohême, déchets alimentaires de toutes sortes et quelquefois se nourrit de cadavres d'animaux morts.

Aux mangeoires, il lui faut du **maïs concassé** et du **tournesol**, quoiqu'il accepte aussi bien des restes de table, du pain, du blé, de l'avoine, de l'orge, du sorgho, du sarrasin, du millet, des noix, des raisins secs, des tranches de pommes et du suif de bœuf.

Mangeoires : Sol, plateau et autres types avec perchoirs ou rebords.

le Carouge à épaulettes

(*Agelaius phœniceus*)
Famille : *Emberizidae*
(sous-famille : *Icterinae*)

Longueur totale : 220 mm
Nicheur migrateur (rare en hiver).

(photo : Peter Lane)

Cet «oiseau noir» se rencontre dans les secteurs agricoles où il y a des réservoirs et des silos à grains, dans les dépotoirs, à la ferme et en milieu urbain de banlieue, où il y a des mangeoires bien approvisionnées (de ses aliments préférés). Il adoptera cette mangeoire jusqu'au printemps.

Régime alimentaire un peu semblable à celui des mainates et des vachers en hiver.

Ses préférences connues sont le **maïs concassé**, le **blé**, l'orge et l'avoine. Il accepte aussi du tournesol, du millet, de l'alpiste, du sarrasin, du sorgho et du pain.

Mangeoires : Sol, plateau et autres types avec perchoirs ou rebords.

le Vacher à tête brune

(*Molothrus ater*)
Famille : *Emberizidae*
(sous-famille : *Icterinae*)

Longueur totale : 180 mm
Nicheur migrateur (rare en hiver).

(photo : Michel Boulianne)

Cet «oiseau noir» se rencontre dans les secteurs agricoles où il y a des réservoirs et des silos à grains, dans les dépotoirs, à la ferme et en milieu urbain ou de banlieue, où il y a des mangeoires bien approvisionnées (de ses aliments préférés). Il adoptera cette mangeoire jusqu'au printemps.

En hiver, il se nourrit de diverses graines, de grains de céréales, des fruits sauvages, des bourgeons et des déchets alimentaires qu'il peut trouver ici et là, à la ville, à la ferme, aux dépotoirs ou ailleurs, ainsi qu'aux mangeoires qu'il adoptera jusqu'au printemps.

Du **maïs concassé**, du **millet**, du **blé**, du sorgho, de **l'avoine**, de l'apiste, du colza, de l'orge, du sarrasin, du tournesol et du pain retiendront son attention.

Mangeoires : Sol, plateau et autres types avec perchoirs ou rebords.

le Durbec des sapins

(le Dur-bec des pins)
(Pinicola enucleator)
Famille : *Fringillidae*
(Sous-famille : *Carduelinae*)

Longueur totale : 230 mm
Nicheur résidant commun.
(photo : Peter Lane)

mâle

femelle

Il se rencontre en milieu sauvage : forêts mixtes et coniériennes; en milieu habité : parcs urbains, quartiers résidentiels, boisés de fermes, vergers, partout où il y a des arbres fruitiers et à graines qu'il préfère.

En hiver, il se nourrit de petits fruits sauvages ou cultivés, de graines et de bourgeons de diverses espèces d'arbres et arbustes dont voici une liste partielle des principales espèces recherchées.

Frênes (noir, blanc, rouge)	G *	Genévriers de Virginie	F *
Érables négondo	G-B	Genévriers communs	F *
Érables à sucre	G-B	Sumacs vinaigriers	F
Érables à épis	G-B	Sumacs glabres	F
Érables rouges	G-B	Symphorines blanches	F
Érables argentés	G-B	Viornes trilobées	
Érables de Pennsylvanie	G-B	(pimbina)	F
Saules sp	B *	(sert de nourriture	
Peupliers sp	B	d'urgence pour plusieurs	
Épinettes (blanche, rouge, bleue)	G-B	espèces d'oiseaux).	
Sapins baumiers (fin d'automne)	G *		
Pins (rouge, blanc)	G *		
Pommiers sp	F-B-G		
Pommetiers sp	F-B-G		
Sorbiers sp	F		
Berbéris sp	F		
Cornouillers sp	F		
Aubépines sp	F *		

LÉGENDE

sp = genre botanique
G = graines
B = bourgeons
F = fruits
* = préférence

Il visite rarement les mangeoires, seulement s'il y a pénurie de nourriture naturelle. Alors là, il viendra manger du **tournesol**, des raisins secs, des morceaux de pommes et des petits fruits sauvages que vous déposerez sur un plateau.

Mangeoires : sol et plateau.

le Roselin pourpré

(Carpodacus purpureus)
Famille : *Fringillidae*
(Sous-famille : *Carduelinae*)

Longueur totale : 150 mm
Nicheur migrateur
   (occasionnel en hiver).

(photos : Christian Marcotte)

En hiver, il se rencontre dans diverses catégories d'arbres et de bosquets des parcs et jardins semi-urbains, des parterres résidentiels, surtout si ceux-ci sont aménagés de mangeoires, dans les boisés de fermes, dans les vergers et dans les forêts claires, mixtes et conifériennes.

mâle　　　　　　　　　　　　　　　　*femelle*

Son régime alimentaire hivernal consiste en diverses sortes de graines d'arbres et de plantes variées, de bourgeons et de petits fruits sauvages ou cultivés. Voici une liste partielle de quelques arbres et arbustes recherchés par le roselin.

Érables sp	B		Viornes cassinoïdes	F
Cerisiers sp	B		Viornes lentago	F
Saules sp	B		Viornes à feuilles	
Peupliers sp	B		d'érable	F
Érables négondo	G *		Genévriers de Virginie	F *
Bouleaux sp	G *		Genévriers communs	F *
Frênes sp	G *		Pyracanthes sp	F *
Aulnes sp	G		Sumacs grimpants	F
Ormes d'Amérique	G *		Parthénocisses (vignes	
(dès avril)			vierges)	F
Sapins baumiers	G *			
(fin automne)				
Mélèzes laricins	G *			
Pins rouges	G			
Pins blancs	G			
Épinettes sp	G			
Ostryers de Virginie	F		LÉGENDE	
Pommiers sp	F-G*			
Pommetiers sp	F		sp = genre botanique	
Sorbiers sp	F *		G = graines	
Cornouillers sp	F *		B = bourgeons	
Houx verticillés	F		F = fruits	
Sumacs vinaigriers	F		* = préférence	

Les cinq (5) principaux aliments qu'il préfère sont, en premier lieu, le **tournesol,** puis le **chardon, l'alpiste,** le **millet blanc** et le **maïs concassé.**

Il accepte aussi du colza, du sarrasin, du blé, des noix, des graines de citrouilles et de l'avoine.

Mangeoires : Il s'accommode de tous les genres, même les bûches avec perchoirs.

le Sizerin flammé

(Carduelis flammea)
Famille : *Fringillidae*
(Sous-famille : *Carduelinae*)

Longueur totale : 130 mm
Visiteur hivernant commun.

(photo : Peter Lane)

Les sizerins se rencontrent aussi bien en forêt coniférienne que feuillue, dans les champs de mauvaises herbes et de plantes à graines. Ils se rencontrent souvent en milieu habité, surtout dans les bouleaux des quartiers résidentiels ainsi que dans les lots vacants où il y a des plantes à graines.

Les graines de bouleaux et d'aulnes prennent une très grande proportion dans leur régime alimentaire hivernal ainsi que plusieurs autres graines de mauvaises herbes et de plantes diverses (onagre bisannuelle, chicorée sauvage, ambroisie, aster, chénopode, sétaire, etc...).

Les sizerins consomment aussi d'autres graines des arbres suivants : Pruche du Canada, Thuya occidental ou « cèdre blanc » (fin d'automne) et Orme d'Amérique (dès la fin mars). Quelques bourgeons viennent compléter leur régime, surtout ceux des érables rouges et à sucre, des saules et des aulnes.

Les graines importantes pour lui sont le **chardon**, le **millet blanc**, l'**alpiste** et le **tournesol** (les petites graines noires en particulier).

Il accepte aussi du colza, du maïs concassé, des noix hachées, des graines de citrouilles, du blé et de l'avoine décortiquée, du beurre d'arachides et du suif.

Mangeoires : Il s'accomode de tous les genres.

En migration et en hiver, les sizerins se rassemblent parfois en imposantes bandes de plusieurs individus (20 à 100 et plus).

le Sizerin blanchâtre

(Carduelis hornemanni)
Famille : *Fringillidae*
(Sous-famille : *Carduelinae*)

Longueur totale : 130 mm
Visiteur hivernant rare.

(photo : Jean Giroux)

Les sizerins se rencontrent aussi bien en forêt coniférienne que feuillue, dans les champs de mauvaises herbes et de plantes à graines. Ils se rencontrent souvent en milieu habité, surtout dans les bouleaux des quartiers résidentiels ainsi que dans les lots vacants où il y a des plantes à graines quelconques.

Les graines de bouleaux et d'aulnes prennent une très grande proportion dans leur régime alimentaire hivernal ainsi que plusieurs autres graines de mauvaises herbes et de plantes diverses (onagre bisannuelle, chicorée sauvage, ambroisie, aster, chénopode, sétaire, etc...).

Les sizerins consomment aussi d'autres graines des arbres suivants : Pruche du Canada, Thuya occidental ou «cèdre blanc» (fin d'automne) et Orme d'Amérique (dès la fin mars).

Quelques bourgeons viennent compléter leur régime, surtout ceux des érables rouges et à sucre, des saules et des aulnes.

Les graines importantes pour lui sont le **chardon**, le **millet blanc**, l'**alpiste** et le **tournesol** (les petites graines noires en particulier).

Il se rencontre seul ou en petits groupes de 2 à 5 individus parmi les grandes bandes de Sizerins flammés (ils sont plus blanchâtres).

le Tarin des pins

(le Chardonneret des pins)

(Carduelis pinus)
Famille : *Fringillidae*
(Sous-famille : *Carduelinae*)

Longueur totale : 120 mm
Nicheur résidant occasionnel.

(photo : Peter Lane)

Ces petits vagabonds fréquentent les forêts conifériennes ou mixtes, de maturité et de densité variable. Ils se
rencontrent aussi dans les bosquets d'arbres et dans les arbres
ornementaux des quartiers résidentiels, des banlieues, dans les
pâturages et dans les champs où il y a des buissons et des
«haies» de bouleaux et d'aulnes ainsi que dans les endroits où
il y a des plantes à graines diverses.

Les graines de conifères constituent la majeure partie de
son régime alimentaire, surtout celles de la Pruche du
Canada, du Pin rouge, du Pin blanc, du Thuya occidental ou
«cèdre blanc» (en fin d'automne), des Mélèzes et Épinettes.

Il consomme aussi beaucoup de graines de bouleaux,
d'aulnes, d'érables ainsi que des graines de mauvaises herbes
et de plantes diverses : onagre bisannuelle, chicorée sauvage,
bardane, chardon, verge-d'or, aster, ambroisie, amaranthe.

La graine par excellence à offrir à cet oiseau est sans
aucun doute la **graine de chardon** dont il raffole. Il est
aussi très friand de **tournesol** (surtout la petite graine noire),
de l'**alpiste** et du **millet blanc**.

Il accepte aussi du maïs concassé, des noix hachées, du colza,
du blé, de l'avoine et parfois du beurre d'arachides et du suif.

Mangeoires : Il s'accommode de tous les genres de
mangeoires.

le Chardonneret jaune

(Carduelis tristis)
Famille : *Fringillidae*
(Sous-famille : *Carduelinae*)

Longueur totale : 130 mm
Nicheur migrateur
   (occasionnel en hiver).

(photo : Normand David)

En hiver, il erre en bandes dans les forêts, quoiqu'il se rencontre fréquemment dans les bosquets des banlieues et des secteurs résidentiels, surtout s'il y a des arbres à graines tels que les bouleaux et des mangeoires, d'autant plus si elles offrent du chardon.

En hiver, sa principale nourriture consiste en graines de toutes sortes, surtout celle des bouleaux, des aulnes, des pruches du Canada, des pins et des épinettes. Ce chardonneret consomme aussi une grande quantité de graines de plantes diverses : chardons, bardanes, onagres, chicorées, asters, verges d'or, amaranthes, rumex, ambroisies, etc. Occasionnellement, il mangera des petits fruits sauvages : rosiers rugueux, sorbiers et oliviers de Bohême.

Si vous voulez vraiment flatter le palais de ce chardonneret, offrez-lui des **graines de chardon**. Il en raffole drôlement. Ses préférences sont aussi pour l'alpiste, le millet blanc, le tournesol (surtout les petites graines noires), les noix hachées, le colza et le maïs concassé. À l'occasion, il se délectera de beurre d'arachides et de suif de bœuf.

Mangeoires : Il s'accommode de tous les genres de mangeoires.

le Gros-bec errant

(Coccothraustes vespertinus)
Famille : *Fringillidae*
(Sous-famille : *Carduelinae)*

Longueur totale : 200 mm
Nicheur résidant commun.

(photos : Charles Vachon)

mâle

femelle

124

Le Gros-bec errant erre en bandes parfois imposantes et il se rencontre dans divers types de forêts, dans les bosquets des milieux semi-urbains, dans les parcs boisés et dans les arbres d'ornement (Érable négondo) des quartiers résidentiels et tout particulièrement aux mangeoires où il y a du tournesol.

En hiver, il se nourrit essentiellement de graines, de bourgeons et de fruits de divers arbres et arbustes dont voici une liste partielle parmi les plus recherchés :

Érables négondos	B-G*	Aubépines sp	F
Érables à sucre	B-G	Sorbiers sp	F*
Érables à épis	B-G	Oliviers de Bohême	F*
Frênes blancs	G*	Rosiers rugueux	F
Frênes rouges	G*	Symphorines blanches	F
Frênes noirs	G*	Viornes trilobées	F
Épinettes blanches	G*	Sumacs-vinaigriers	F
Épinettes rouges	G		
Pins blancs	G*		
Pins rouges	G*		
Saules sp	B	LÉGENDE	
Peupliers sp	B		
Ostryers de Virginie	F	sp = genre botanique	
Genévriers de Virginie	F*	G = graines	
Genévriers communs	F*	B = bourgeons	
Pommetiers sp	F	F = fruits	
Pommiers sp	F-G	* = préférence	

Ce qu'il préfère par-dessus tout c'est sans aucun doute la fameuse **graine de tournesol** dont il semble ne jamais se rassasier. À l'occasion, il consomme du sarrasin, chardon, colza, noix, graines de citrouilles, blé, maïs, alpiste, millet et petits fruits sauvages déposés dans un plateau ou au sol.

Mangeoires : Sol, plateau et autres types avec rebords et perchoirs.

le Bec-croisé bifascié

(le Bec-croisé à ailes blanches)

(Loxia leucoptera)
Famille : *Fringillidae*
(Sous-famille : *Carduelinae*)

Longueur totale : 160 mm
Nicheur résidant rare.

(photo : André Cyr)

mâle

Les Becs-croisés se rencontrent principalement en forêt coniférienne et mixte où dominent les conifères, dans les bosquets de résineux des campagnes et des banlieues. Ils leur arrivent même de venir se nourrir dans les conifères (chargés de cônes) ornementaux des parcs urbains et près des résidences.

Leur bec croisé est conçu pour une alimentation très spéciale. Ce bec particulier sert à ouvrir les cônes des résineux (conifères) et d'en manger les graines qui constituent leur principale ressource alimentaire.

Voici les conifères qui les attirent le plus : tous les genres d'Épinettes, les Pins et les Mélèzes, puis ensuite les Pruches du Canada et les Sapins baumiers (en fin d'automne). Occasionnellement, ils consomment des graines de Bouleaux, des pépins de pommes, des fruits de Genévriers de tous genres et des faînes de Hêtre (en fin d'automne).

Les Becs-croisés visitent rarement les mangeoires. Leur préférence est axée sur les **graines de tournesol** surtout s'il y a pénurie de graines de conifères.

Vous pouvez aussi rencontrer une autre espèce soit le Bec-croisé rouge (*Loxia curvirostra*).

Le Trio des villes

(photos : Peter Lane)

 Ces trois (3) espèces communes se rencontrent partout en milieu habité, villes, villages, banlieues, fermes, ports, dépotoirs, pâturages, champs agricoles et près des silos et réservoirs à grains.

En hiver, ces trois (3) espèces se nourrissent de tout ce qu'ils peuvent se mettre sous le bec : grains, graines, fruits et différents déchets alimentaires.

le Pigeon biset

(Columba livia)
Famille : *Columbidae*
Longueur totale : 330 mm
Nicheur sédentaire
    commun.

l'Étourneau sansonnet .

(Sturnus vulgaris)
Famille : *Sturnidae*
Longueur totale : 200 mm
Nicheur migrateur
    commun.

 Nourriture aux mangeoires

Un mélange de maïs concassé, blé, avoine, orge, sarrasin, colza, sorgho, millet blanc, alpiste, tournesol et pain.

Restes de tables suif de bœuf, beurre d'arachides, pain, grain concassé (maïs, blé et avoine).

Mangeoires : Sol et plateau

Mangeoires : Il s'adapte à plusieurs genres.

128

le Moineau domestique

(*Passer domesticus*)
Famille : *Passeridae*
Longueur totale : 150 mm
Nicheur sédentaire com-
  mun (parfois abondant).

 Aux mangeoires, ce petit bagarreur de rue sème la discorde. Il se contente de millet, d'avoine, d'alpiste, de maïs concassé, de blé, de pain, de restes de table et malheureusement de graines de tournesol et de chardon.

Mangeoires : Il s'adapte à tous les types de mangeoires.

mâle

femelle

Deux (2) espèces accidentelles apparaissant aux mangeoires en hiver dans le sud du Québec

la Mésange bicolore

(Parus bicolor)
Famille : *Paridae*

Longueur totale : 150 mm
Visiteur accidentel ou
  exceptionnel au Québec.
(photo : Normand David)

Elle se rencontre dans les forêts et boisés de feuillus ou mixtes des milieux résidentiels, dans les parcs, les jardins, les cimetières, les terrains résidentiels où il y a suffisamment d'arbres et dans les vergers. Elle fréquente assidûment les mangeoires près des habitations.

Régime alimentaire à peu près semblable à celui de la Mésange à tête noire.

 Graines de tournesol, noix et **arachides hachées**, suif de bœuf, graisse de bacon, beurre d'arachides, saindoux pur-lard et graines de citrouille sont très appréciés en tout temps.

Mangeoires : Elle se nourrit dans tous les genres de mangeoires.

✱ Cette espèce en provenance du sud de l'Ontario et de la Nouvelle-Angleterre a fait une invasion en hiver 1978-79 dans l'Estrie et depuis, elle s'y observe presque chaque année. Peut-être un jour s'installera-t-elle comme nicheuse au Québec.

Les postes d'alimentation d'hiver sont sûrement en rapport étroit avec cet événement.

le Roselin familier

(Carpodacus mexicanus)
Famille : *Fringillidae*
(Sous-famille : *Carduelinae*)

Longueur totale : 130 mm
Visiteur accidentel ou
    exceptionnel au Québec.

(photo : Normand David)

Ce magnifique roselin fréquente les vergers, les parcs, les jardins et les parterres résidentiels, de banlieue et urbains, près des habitations un peu comme le moineau domestique. Il fréquente régulièrement les mangeoires.

mâle

En hiver, ce roselin doit sa survie aux différentes variétés de graines de mauvaises herbes, de plantes et d'arbres divers ainsi qu'aux petits fruits sauvages ou cultivés, disponibles en cette saison au Québec. Mais, l'aide la plus utile à sa survie est sans aucun doute les mangeoires qui lui fournissent des graines appropriées.

Aux mangeoires, sa préférence marquée est le **chardon**, puis suivent le tournesol, le millet blanc, l'alpiste, le colza et le maïs concassé. Il est aussi friand de fruits divers. Dans un plateau, servez-lui un mélange de raisins secs, de raisins de Corinthe, d'abricots secs, de dattes, de cerises à salade, de demi-oranges, de tranches de bananes, de poires et de pommes.

Mangeoires : Il se nourrit dans tous les types de mangeoires.

Originaires du Mexique et de l'Ouest américain, ces beaux oiseaux étaient vendus dans les animaleries de New York. Aux prises avec de sérieuses poursuites judiciaires, les commerçants ont libéré ces roselins. Ces derniers se sont établis comme nicheurs et se sont multipliés à un tel rythme qu'on les rencontre maintenant dans toute la Nouvelle-Angleterre. Puis au milieu des années soixante-dix, quelques individus ont fait leur apparition à des mangeoires du sud-ouest du Québec et depuis, ils se rencontrent au printemps, en automne et même tout l'hiver. Ils nichent maintenant dans le sud du Québec, en Estrie et au sud de Montréal (au moins 7 couples pendant l'été 1983).

Sources :

David, Normand et Duquette, Gaétan, *Comment nourrir les oiseaux autour de chez-soi*, Québec-Science Éditeur, 1982, p. 60.

Bulletin ornithologique du COQ, volume 28, 3 (date de parution), p. 116.

Appendice I

Tableau des préférences alimentaires de d'autres espèces d'oiseaux qui ont déjà été rapportées aux mangeoires et qui pourraient éventuellement visiter les vôtres que ce soit régulièrement ou quelquefois seulement.

Que ce soit en été ou en hiver, en automne ou au printemps, cette liste vous donnera un aperçu de ce que chaque espèce d'oiseaux requiert aux mangeoires.

Les espèces entre parenthèses sont celles dont les visites aux mangeoires sont rares ou inusitées, autrement dit, des espèces peu courantes ou non habituelles à fréquenter les postes d'alimentation.

LÉGENDE

SF	: suif de boeuf	SH	: sorgho
BA	: beurre d'arachides	CZ	: colza
SN	: saindoux pur-lard	LN	: graines de lin
GB	: graisse de bacon	SR	: sarrasin
NX	: noix finement hachées	RT	: restes de table
AR	: arachides diverses	PN	: pains et beignes maison
AR*	: arachides en écale	FO	: fromage
TO	: graines de tournesol	RS	: raisins secs et de Corinthe
TO*	: variété petites graines noires et tournesol écalé	Pm	: pomme (tranches)
CH	: chardon	Org	: orange (demie)
ML	: millet blanc (jaune, rouge)	Cn	: canneberge
AL	: alpiste	bn	: banane (tranches)
MC	: maïs concassé	Pr	: poire (tranches)
BL	: blé	Cr	: cerises rouges à salade
AV	: avoine	FRS	: petits fruits sauvages
OR	: orge	GR	: gelée de raisins
CI	: graines de citrouilles	FR	: fruits

LISTE DES AUTRES ESPÈCES	DIVERS ALIMENTS PRÉFÉRÉS Préférence(s) marquée(s)
(Bernache du Canada) (Canard noir) (Carnard colvert)	MC-BL-AV-OR-ML
Perdrix grise (Faisan de chasse)	MC-BL-AV-OR-SR-SH-ML
(Grand-Duc d'Amérique) (Colibri à gorge rubis)	SF (1 partie de sucre X 4 parties d'eau bouillie)
Pic à tête rouge	SF-NX-BA-TO-MC-RS-FR (Pm-Org)
Pic à ventre roux	SF-NX-BA-TO-MC-RS-FR (Pm-Org)
(Pic maculé)	SF-BA-GR-eau sucrée
(Pic tridactyle)	SF
(Pic à dos noir)	SF
(Moucherolle phébi)	SF
(Alouette cornue)	MC-BL-AV-ML-OR-SR-CS-AL-SH
Corneille d'Amérique	MC-SR-AV-BL-PN-RT-SF-TO-CI-Pm
(Grand Corbeau)	RT-PN-MC
(Jaseur des cèdres)	Arbres fruitiers-FRS-RS-Pm
Troglodyte de Caroline	NX-BA-SF-TO*-RS-FRS-bn
(Troglodyte familier)	SF-BA-NX-PN
(Troglodyte des forêts)	SF
Roitelet à couronne rubis	SF-SN-AR-NX-MC
(Gobe-moucherons gris-bleu)	SF-BA
(Merle-bleu de l'Est)	Arbres fruitiers / RS-BA-SF-NX-FO-Pm-bn-Org
(Solitaire de Townsend)	
(Grive fauve)	
(Grive à joues grises)	RS-SF-PN
(Grive à dos olive)	Pm-RS-BA-SF-PN-MC
Grive solitaire	Pm-RS-BA-SF-GR

(Grive des bois)	RS-BA-SF-PN-TO*
(Grive à collier)	Pm-RS-NX-BA
(Moqueur chat)	RS-BA-SF-NX-FO-bn
Moqueur roux	NX-BA-RS-TO-CI-PN-SF
Paruline à croupion jaune	NX-SF-SN-BA-GR-TO*-Org
(Paruline des pins)	NX-SF-BA-MC-Al-TO*
(Paruline verdâtre)	NX-SF-BA-RS-Pm
(Tangara écarlate)	Pm-bn-Pr-Org-Cr-RS-BA-PN
Tohi à flancs roux	ML-AL-TO-MC-BL-AV-CZ-CH-SR-NX-SH
Cardinal à poitrine rose	TO-NX-CI-FR-MC-SF-ML-AL
(Passerin indigo)	ML-AL-NX-Pm
Dickcissel	MC-BL-AV-OR-ML-AL-SH-TO
Bruant familier	ML-AL-MC-NX-TO*-AV-CI-CH-BL
(Bruant des champs)	
(Bruant des prés)	
(Bruant de Lincoln)	
(Bruant des marais)	
Bruant à couronne blanche	
Bruant fauve	
(Bruant lapon)	MC-BL-OR-AV-ML
(Sturnelle des prés)	MC-BL-AV-OR-SH-ML-AL
(Carouge à tête jaune)	MC-BL-AV-OR
Quiscale rouilleux	MC-ML-OR-AV-BL-SH-TO-PN
(Oriole du Nord)	RT-FRS-RS-Pm-Org-bn-BA-SF-NX-MC-GR-eau sucrée
Bec-croisé rouge	TO

Ce tableau fut réalisé grâce au dépouillement des carnets de notes d'une cinquantaine de propriétaires de mangeoires, membres du Club des Ornithologues du Québec (je les remercie tous en passant), ainsi que de plusieurs sources importantes dans cette matière, dont voici la liste :

CONSERVATION ENTREPRISES LTD (Catalogue d'hiver 1983-84).

DAVID, NORMAND et DUQUETTE, GAÉTAN, *Comment nourrir les oiseaux autour de chez soi*, Québec, Québec-Sciences, Éditeur, 1982.

136

DENNIS, JOHN V., *A Complete Guide to Bird Feeding*, New York, Alfred A. Knopf, 1980.

DENNIS, JOHN V., *Beyond the Bird Feeder*, Alfred A. Knopf, 1981.

DOBSON, CLIVE, *Nourrir les oiseaux en hiver*, Montréal, Éditions France-Amérique, 1981.

HARRISON, GEORGES H., *The Backyard Bird Watcher*, New York, Simon & Shuster, 1979.

HYDE BIRD FEEDERS COMPANY (catalogue hiver 1982-83).

LANE, PETER, *Fiches de terrain sur l'alimentation des oiseaux en hiver*, inédites.

LANE, PETER, *Les oiseaux d'hiver au Québec*, Montréal, Éditions Héritage, 1980.

RUSSEL, C. et EDINGER, P., *Attracting Birds to your Garden*, Lane Books.

RYAN, A. GLEN, *Some Newfoundland Birds*.

SCHUTZ, WALTER E., *How to Attract, House and Feed Birds*, New York, Collier Boks, 1974.

QUELQUES OUVRAGES POUR EN SAVOIR PLUS SUR NOS OISEAUX

AUSTIN, OLIVER et SINGER, ARTHUR, *Familles d'oiseaux*, La Prairie, Éditions Broquet, 1990.

BREEN, KIT HOWARD, *La Bernache du Canada*, La Prairie, Éditions Broquet, parution 1994.

BRULOTTE, SUZANNE et LE BRUN, SUSY, *S'apprivoiser aux oiseaux*, La Prairie, Éditions Broquet, 1989.

BRULOTTE, SUZANNE et LE BRUN, SUSY, *Les oiseaux d'eau*, La Prairie, Éditions Broquet, 1990.

BRULOTTE, SUZANNE et LE BRUN, SUSY, *Des oiseaux à protéger*, La Prairie, Éditions Broquet, 1991.

BURNETT, JAMES A., DAUPHINÉ, T. CHARLES, MCCRINDLE, SHEILA H. et MOSQUIN, TED, *La Nature aux abois* (les espèces menacées de disparition au Canada), La Prairie, Éditions Broquet, 1989.

COMMISSION INTERNATIONALE DES NOMS FRANÇAIS DES OISEAUX, *Noms français des oiseaux du monde*, Québec, Édition MultiMondes inc./France, Éditions Chabaud, 1993.

CROWLEY, KATE et LING, MIKE, *Magie du Huart*, LaPrairie, Éditions Broquet, 1990.

DAVID, NORMAND et GOSSELIN, MICHEL, *Observer les oiseaux au Québec*, Montréal, Québec Sciences Éditeur, 1981.

GODFREY, W. EARL, *Les Oiseaux du Canada*, Ottawa, Musée canadien de la nature, La Prairie, Éditions Broquet, 1989.

HUOT, GUY, *L'observation des oiseaux*, La Prairie, Éditions Broquet, édition révisée 1988.

NATIONAL GEOGRAPHIC SOCIETY, *Les Oiseaux de l'Amérique du Nord*, guide d'identification, La Prairie, Éditions Broquet, 1987.

PETERSON, ROGER TORY, *Oiseaux* (Les petits guides Peterson), La Prairie, Éditions Broquet, 1990.

PETERSON, ROGER TORY, *Guide des Oiseaux de l'Amérique du Nord* (à l'est des Rocheuses), La Prairie, Éditions Broquet, 1989.

ROBBINS, CHANDLER S., BRUUN, BERTEL et ZIM, HERBERT S., *Guide des Oiseaux de l'Amérique du Nord*, La Prairie, Éditions Broquet, 1986.

QUELQUES OUVRAGES SUR LES MAMMIFÈRES DE L'AMÉRIQUE DU NORD

ALDEN, PETER, *Mammifères* (Les petits guides Peterson), La Prairie, Éditions Broquet, 1990.

BANFIELD, A.W.F., *Les mammifères du Canada*, Québec, Presses de l'Université Laval, 1975.

BEAUDIN, LOUISE et QUINTIN, MICHEL, *Guide des mammifères terrestres du Québec, de l'Ontario et des Maritimes*, 1983.

BURT, WILLIAM H. et GROSSENHEIDER, RACHARD P., *Les Mammifères de l'Amérique du Nord* (Les guides Peterson), La Prairie, Éditions Broquet, 1992.

LEVY, CHARLES K. et MESZOLY, L.L., *Guide des animaux dangereux de l'Amérique du Nord,* La Prairie, Éditions Marcel Broquet, 1985.

MURIE, OLAUS J., *Les traces d'animaux* (Les guides Peterson), La Prairie, Éditions Broquet, 1989.

PRESCOTT, JACQUES et RICHARD, PIERRE, *Mammifères du Québec et de l'Est du Canada,* 2 volumes, Montréal, Éditions France-Amérique, 1982.

WHITAKER, JOHN O., Jr, *Field Guide to North American Mammals,* New York, The Audubon Society, Alfred A. Knopf, 1980.

WOODING, FREDERICK H., *Les Mammifères sauvages du Canada,* La Prairie, Éditions Broquet, 1984.

QUELQUES VOLUMES SUR LES INSECTES DE L'AMÉRIQUE DU NORD

BORROR, DONALD J. et WHITE, RICHARD E., *Les Insectes de l'Amérique du Nord* (Les guides Peterson), La Prairie, Éditions Broquet, 1991.

LEAHY, CHRISTOPHER, *Insectes* (Les petits guides Peterson), La Prairie, Éditions Broquet, 1990.

MARTINEAU, RENÉ, *Insectes nuisibles des forêts de l'Est du Canada,* La Prairie, Éditions Marcel Broquet, 1985.

FICHTER, GEORGE S., *Les insectes nuisibles,* La Prairie, Éditions Marcel Broquet, 1986.

CHAPITRE 3

PRINCIPAUX ARBRES, ARBUSTES ET VIGNES QUI OFFRENT DES RESSOURCES ALIMENTAIRES AUX OISEAUX EN HIVER

Introduction

Plusieurs espèces d'arbres, arbustes et vignes sont utilisées en ornementation des parterres résidentiels. Avec l'aide de ces différentes espèces citées dans ce chapitre, vous aurez la possibilité de créer **un habitat plus naturel et plus favorable pour les oiseaux et pour vous-même.** Notez que ce chapitre ne se veut pas un guide d'identification de «plantes»; il existe actuellement plusieurs ouvrages sur le marché qui remplissent très bien cette tâche (voir liste des différents volumes recommandés à la fin de ce chapitre).

Cet ouvrage sur les arbres n'est qu'une liste illustrée des principales espèces d'arbres, arbustes et vignes qui conservent (durant la période hivernale) leurs fruits et leurs graines ainsi qu'une liste des principales espèces d'oiseaux qui viendront y prélever leur nourriture.

1 Les arbres, arbustes et vignes qui produisent des petits fruits charnus (baies, drupes et cynorrhodons).

2 Les arbres et arbustes feuillus qui produisent soit des graines, des noix, des glands ou des nucules.

3 Les conifères à graines (Épinettes, Mélèzes, Pins, Pruches, Sapins, Thuyas) ou à baies (Genévriers).

4 Appendice I : Quelques plantes des champs les plus communes dont les graines servent de nourriture à quelques espèces d'oiseaux.

5 Quelques autres espèces d'arbres et arbustes fruitiers mais dont les fruits sont disponibles en été et en automne seulement.

LES ARBRES, ARBUSTRES ET VIGNES QUI PRODUISENT DES PETITS FRUITS CHARNUS
(baies, drupes ou cynorrhodons)

Presque toutes les espèces mentionnées dans cette section sont indigènes au Québec sauf celles qui ont été introduites et qui se sont bien acclimatées pour la plupart. C'est le cas des espèces suivantes : Pommiers, Pommetiers décoratifs, Sorbiers des oiseleurs, Rosiers multiflores, Pyracanthes écarlates, Nerpruns cathartiques, Berbéris vulgaires et Oliviers de Bohême.

ARONIA NOIR

Petit arbuste de deux mètres de hauteur à floraison printanière blanche. Le feuillage vert luisant devient rougeâtre en automne. **Les petites «pommettes» noires sont réunies en petites grappes** et peuvent persister sur l'arbuste en décembre.

Les fruits sont principalement consommés par :

Gélinotte huppée
Mésange à tête noire
Merle d'Amérique

Jaseur des cèdres
Grive solitaire
Moqueur roux

AUBÉPINE (CENELLIERS)

Arbres et arbustes ornementaux (variant entre 5 et 10 mètres de hauteur) garnis d'épines plus ou moins longues (selon l'espèce ou la variété) possédant une jolie floraison et une abondante fructification de «cenelles», variant du rouge, orange, écarlate ou jaune, dépendant de l'espèce. En automne le feuillage prend des jolies teintes soit écarlate, orangée, rouge bronzé ou jaunâtre selon la variété ou l'espèce.

Les «cenelles» ou «pommettes» persistent sur l'arbre tout l'hiver et attirent à elles plusieurs espèces d'oiseaux telles que :

Merle d'Amérique	Gros-bec errant
Moqueur polyglotte	Roselin pourpré
Jaseur des cèdres	Dur-bec des pins
Jaseur boréal	Gélinotte huppée
Cardinal rouge	Faisan de chasse

BERBÉRIS VULGAIRE OU «ÉPINES-VINETTES» (INTRODUIT)

Ces petits arbustes très épineux atteignent parfois deux (2) mètres de hauteur. Au printemps, ils arborent des petites fleurs jaunes suivies de **nombreuses petites grappes de fruits ellipsoïdes de couleur écarlate à orangé.** Ils persistent sur les branches en hiver.

Ces arbustes (introduits) s'utilisaient surtout en haie défensive. Malheureusement, les Berbéris vulgaires et de Thunberg sont maintenant prohibées par la loi fédérale car elles sont porteuses d'une maladie néfaste au blé, «la rouille du blé».

Note : Les spécimens de Berbéris (échappés de culture) que l'on retrouve au Québec se sont très bien acclimatés.

Les espèces d'oiseaux suivantes se nourrissent des fruits :

Moqueur polyglotte   Cardinal rouge
Merle d'Amérique   Dur-bec des pins
Jaseur des cèdres   Gélinotte huppée
Jaseur boréal

CHALEF À FEUILLES ÉTROITES (INTRODUIT) OU «OLIVIER DE BOHÊME»

Ce magnifique arbuste ornemental est fort recherché (peut atteindre 6 mètres de hauteur). Au printemps, il arbore des petites fleurs jaunes très odoriférantes. En automne, le feuillage prend une teinte vert argenté. Les **petits fruits jaune argenté** persistent sur l'arbre tout l'hiver. Cet arbuste est de plus en plus utilisé comme haie brise-vent, en massif ou isolé. Quelques oiseaux se nourrissent des petits fruits tels que :

Moqueur polyglotte	Quiscale bronzé
Merle d'Amérique	Cardinal rouge
Jaseur des cèdres	Gros-bec errant
Jaseur boréal	Gélinotte huppée
Étourneau sansonnet	Tourterelle triste
Moineau domestique	(Pic flamboyant)

CORNOUILLER STOLONIFÈRE OU «HART ROUGE»

Cet arbuste peut atteindre trois mètres de hauteur. Les branches sont rouges et décoratives. Au printemps, il arbore une floraison blanchâtre peu spectaculaire qui est suivie d'une **abondante fructification de petits fruits blancs ou couleur plomb**, réunis en cymes composées (genre de grappes).

Les fruits peuvent parfois persister sur les branches en décembre.

Plusieurs oiseaux aiment ces petits fruits amers :

Gélinotte huppée	Cardinal rouge
Pic mineur	Gros-bec errant
Pic flamboyant	Roselin pourpré
Merle d'Amérique	Bruant à gorge blanche
Jaseur des cèdres	Bruant chanteur
Corneille d'Amérique	

HOUX VERTICILLÉ

Ce splendide arbuste peut atteindre trois mètres de hauteur. Son feuillage est persistant, sa floraison est blanche et est suivie de petits fruits luisants, rouge écarlate, réunis en petites grappes de 2 à 3, serrées le long de la branche.

Il est général dans l'ouest et le centre du Québec (Fr. Marie-Victorin).

Les principales espèces d'oiseaux consommatrices des fruits sont :

Gélinotte huppée	Moqueur polyglotte
Tourterelle triste	Jaseur des cèdres
Grand Pic	Cardinal rouge
Corneille d'Amérique	Roselin pourpré
Merle d'Amérique	Bruant à gorge blanche

NERPRUN CATHARTIQUE (INTRODUIT)

Arbuste à rameaux terminés par une vraie épine (peut atteindre sept mètres de hauteur). Sa floraison printanière montre de petites fleurs jaune verdâtre, suivies de **grappes de petits fruits noir violacé** qui persistent sur les rameaux en hiver.

Note : C'est le seul Nerprun qui conserve ses fruits en saison froide.

Les spécimens que l'on retrouve au Québec sont des individus qui se sont très bien acclimatés.

Les principales espèces consommatrices sont :

Merle d'Amérique
Moqueur polyglotte
Jaseur des cèdres
Jaseur boréal

Pic chevelu
Pic mineur
Gélinotte huppée

POMMETIER DÉCORATIF (INTRODUIT)

Il existe plusieurs espèces de pommetiers décoratifs chez les pépiniéristes. Le plus beau est le « *Malus hopa* ». C'est un très joli arbre ornemental pouvant atteindre une dizaine de mètres de hauteur. Sa réputation est due à ses abondantes fleurs rose violacée (printemps) et à ses nombreuses **pommettes (diamètre : 16 mm) rouge à rouge orangé** qui persistent sur les branches jusqu'en mars.

Les principales espèces d'oiseaux qui se nourrissent de ces fruits sont :

Jaseur boréal	Étourneau sansonnet
Jaseur des cèdres	Gros-bec errant
Moqueur polyglotte	Roselin pourpré
Merle d'Amérique	Dur-bec des pins
Geai bleu	Tohi à flancs roux
Gélinotte huppée	

Autres variétés de pommetiers décoratifs qui conservent leurs fruits une bonne partie de l'hiver :

- Pommetier Almey (*Malus «Almey»*), **fruits rouge orangé**
- Pommetier Sissipuk (*Malus «Sissipuk»*), **fruits rouge foncé**
- Pommetier Zumi (*Malus «Zumi»*), **fruits rouge vif**
- Pommetier à feuilles de Prunier (*Malus prunifolia*), **fruits jaune rouge**
- Pommetier à baies (*Malus baccata*), **fruits rouges ou jaunes.**

(Voir photo du Jaseur boréal dans un pommetier décoratif)

POMMIERS SP (INTRODUIT)

Certaines espèces sont très intéressantes pour leur port, leur floraison printanière spectaculaire et par l'abondance des fruits qu'elles fournissent en automne. Quelques espèces conservent leurs pommes en hiver et attirent une foule d'espèces d'oiseaux (principalement en fin d'hiver).

Gélinotte huppée	Roselin pourpré
Faisan de chasse	Dur-bec des pins
Merle d'Amérique	Geai bleu
Moqueur polyglotte	Cardinal rouge
Jaseur boréal	Quiscale bronzé
Jaseur des cèdres	Corneille d'Amérique
Gros-bec errant	Étourneau sansonnet

(Occasionnellement, la Mésange à tête noire, le Pic chevelu et le Pic mineur picorent les fruits).

PYRACANTHE ÉCARLATE OU «BUISSON ARDENT» (INTRODUIT)

Petit arbuste (importé d'Europe) pouvant atteindre trois mètres. Il est très recherché pour l'ornementation. Son feuillage est persistant et ses abondantes **grappes de petits fruits rouge orange vif** persistent sur les branches en hiver.

Les fruits sont mangés par les espèces d'oiseaux suivantes :

Geai bleu
Moqueur polyglotte
Merle d'Amérique
Jaseur boréal

Cardinal rouge
Roselin pourpré
Jaseur des cèdres

Note : Cet arbuste ne réussit pas tellement bien au Québec car il est très fragile aux hivers. La région sud ou Montréal est la zone la plus favorable pour cette espèce mais la réussite est quand même moyenne.

ROSIERS SP*

Tels que : Rosier rugueux, Rosier églantier, Rosier inerme, Rosier multiflore.

Ces arbustes épineux très jolis et très décoratifs atteignent généralement deux mètres. La floraison estivale (rose pour la plupart) est suivie d'une abondante récolte de **fruits globuleux et rouges** qui persistent sur les branches tout l'hiver.

Note : Le fruit des Rosiers se nomme un cynorrhodon.

Plusieurs espèces d'oiseaux viendront se nourrir de ces fruits succulents.

Gélinotte huppée	Cardinal rouge
Moqueur polyglotte	Dur-bec des pins
Merle d'Amérique	Gros-bec errant
Jaseur des cèdres	Junco ardoisé
Jaseur boréal	Bruant hudsonien

SORBIER (CORMIER OU MASKOUABINA)

Il y a trois espèces couramment utilisées en ornementation, le Sorbier d'Amérique, le Sorbier des montagnes et le dernier, qui provient d'Europe, le Sorbier des oiseleurs, le plus souvent employé.

Ce sont de petits arbres pouvant atteindre 10 mètres de haut. Ils possèdent tous un port régulier, un dense feuillage qui rougit en automne et qui, au printemps, arbore des grappes de fleurs blanchâtres qui sont suivies de **denses grappes de petits fruits rouge vif à vermillon, selon l'espèce.** En général, les baies persistent dans l'arbre jusqu'au printemps mais les oiseaux qui raffolent de ces fruits les mangent aussitôt mûrs.

Les principaux consommateurs sont :

Merle d'Amérique
Jaseur boréal
Jaseur des cèdres
Quiscale bronzé
(Moqueur roux)
Étourneau sansonnet

Gros-bec errant
Dur-bec des pins
Roselin pourpré
Gélinotte huppée
(Oriole du Nord)

SUMAC VINAIGRIER

Petit arbre qui atteint 6 mètres dans nos régions. Il est réputé pour son port en forme de parapluie. En automne, il arbore un feuillage rouge et de **gros cônes de petits fruits densément recouverts de poils rouge vin**. Ces fruits persistent sur l'arbre tout l'hiver et servent de nourriture d'urgence aux espèces suivantes :

Gélinotte huppée
Corneille d'Amérique
Geai bleu
Mésange à tête noire
Jaseur boréal
Étourneau sansonnet

Merle d'Amérique
Moqueur polyglotte
Cardinal rouge
Gros-bec errant
Dur-bec des pins

SYMPHORINE BLANCHE

Arbustes pouvant atteindre un mètre de hauteur. En juin, apparaissent de jolies petites fleurs roses suivies d'une bonne récolte de **petits fruits blanc pur** restant sur les branches en hiver.

Note : Cet arbuste est très joli lorsqu'il est jumelé avec un Rosier rugueux ou un Pimbina.

Les principaux consommateurs des fruits sont :

Gélinotte huppée	Jaseur boréal
Merle d'Amérique	Gros-bec errant
Jaseur des cèdres	Dur-bec des pins

VIORNE À FEUILLES D'ÉRABLE

Arbuste très joli pouvant mesurer jusqu'à deux mètres de hauteur. Sa floraison blanche est présente au printemps et en été, suivie d'une **fructification rouge cramoisi tournant au pourpre noirâtre**. Les fruits peuvent persister sur les branches jusqu'à la mi-hiver. Il est plus commun dans le sud-ouest du Québec (Fr. M.-Victorin).

Note : Sa feuille ressemble à celle de la Viorne trilobée et ses fruits plus petits sont pourpre noirâtre (rouge vif chez la Viorne trilobée).

Les fruits sont beaucoup appréciés des espèces suivantes :

Merle d'Amérique	Jaseur des cèdres
Pic flamboyant	Grive solitaire
Roselin pourpré	Gélinotte huppée

VIORNE CASSINOÏDE OU «RAISIN SAUVAGE»

Ce petit arbuste peut atteindre quatre mètres de haut. Sa floraison blanche en été est suivie d'une **abondante fructification d'abord jaunâtre tournant au rouge et finalement d'un beau bleu-noir lorsqu'il est mature**. Parfois, les trois couleurs sont présentes sur la même cyme ou grappe. Les fruits délicieux persistent sur la branche jusqu'à la mi-hiver.

Les plus grands consommateurs des fruits sont :

Merle d'Amérique
Faisan de chasse
Roselin pourpré

Gélinotte huppée
Grand Pic
et quelques autres

VIORNE TRILOBÉE OU «PIMBINA»

Cet arbuste très décoratif peut atteindre deux mètres de hauteur (excellent pour aménager son parterre). Au printemps, de grosses grappes de fleurs blanches apparaissent et se changent par la suite en de **beaux fruits rouge vif à orangé**. Ils persistent sur les branches tout l'hiver. Les feuilles ressemblent à celles des érables et deviennent rouge vin en automne.

Plusieurs espèces d'oiseaux raffolent de ces petits fruits rouges ou drupes.

Jaseur boréal
Jaseur des cèdres
Moqueur polyglotte
Merle d'Amérique
Cardinal rouge

Dur-bec des pins
Roselin pourpré
Bruant à gorge blanche
Gélinotte huppée

LES VIGNES

CÉLASTRE GRIMPANT OU «BOURREAU DES ARBRES»

Cet arbuste grimpant peut s'enrouler autour des troncs d'arbres jusqu'à 10 mètres de hauteur. En été, il arbore des fleurs jaune verdâtre et son feuillage devient jaune en automne.

Le plus intéressant point ornemental demeure dans le fruit qui consiste en une **capsule jaune-orangé** s'ouvrant en automne pour laisser voir une **graine rouge écarlate**. Ce fruit persiste sur la plante jusqu'en janvier.

Les espèces d'oiseaux suivantes sont les plus importantes consommatrices des fruits :

Gélinotte huppée
Moqueur polyglotte
Merle d'Amérique
Jaseur des cèdres

Étourneau sansonnet
Cardinal rouge
Dur-bec des pins

PARTHÉNOCISSE À CINQ FOLIOLES OU «VIGNE VIERGE»

Cette plante grimpante est idéale pour recouvrir soit les murailles ou les clôtures.

En automne, le feuillage de cette vigne prend un riche coloris rouge vif contrastant avec ses **grappes de petits fruits bleus**

qui persistent jusqu'en février. Ces fruits sont très aimés des espèces d'oiseaux suivantes :

Grand Pic   Moqueur polyglotte
Pic mineur   Étourneau sansonnet
Pic chevelu   Roselin pourpré
Sittelle à poitrine blanche   Merle d'Amérique

SUMAC GRIMPANT OU «HERBE À LA PUCE»

J'ai noté cette plante ligneuse car les **petits fruits blanchâtres ou jaunâtres** sont une très importante ressource alimentaire chez plusieurs espèces d'oiseaux.

Ces petits fruits très prisés persistent sur la plante tout l'hiver mais sont généralement consommés au début et à la fin de la saison hivernale alors que le manteau de neige découvre cette plante basse (dans nos régions). **Notez qu'il n'est pas conseillé d'utiliser cette plante vénéneuse en ornementation.** Pas besoin d'en dire plus long. Notez toutefois que toutes les parties de la plante, y compris les fruits, sont toxiques pour la peau.

Cependant le fruit n'affecte pas les oiseaux qui les consomment dont en voici la liste :

Gélinotte huppée
Grand Pic
Pic chevelu
Pic mineur
Mésange à tête noire
Moqueur polyglotte

Troglodyte de Caroline
Roitelet à couronne rubis
Paruline à croupion jaune
Junco ardoisé
Bruant à gorge blanche
Étourneau sansonnet

LES ARBRES ET ARBUSTES FEUILLUS QUI PRODUISENT SOIT DES GRAINES, DES NOIX, DES GLANDS OU DES NUCULES

Parmi les plus importants en ressource alimentaire pour les oiseaux en hiver, notons les Bouleaux, les Frênes, (les Chênes), les Aulnes puis l'Ostryer de Virginie et l'Érable négondo.

Les bourgeons de tous les arbres et arbustes servent de nourriture hivernale à quelques espèces d'oiseaux (voir tableau ci-inclus).

AULNE RUGUEUX ET AULNE CRISPÉ

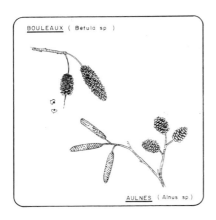

BOULEAUX (Betula sp)

AULNES (Alnus sp)

Ces arbustes sont peu utilisés en ornementation résidentielle. Ils conservent leurs «cônes» de graines en hiver et sont la principale ressource alimentaire du **Sizerin flammé**, du **Chardonneret jaune** et du **Chardonneret des pins**.

Autres espèces qui se nourrissent des graines :

Gélinotte huppée   Faisan de chasse
Tourterelle triste   Roselin pourpré
Bec-croisé à ailes blanches

BOULEAUX

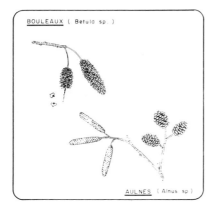

Toutes les espèces de Bouleaux sont magnifiques et très utilisées en ornementation résidentielle. Notons les principaux : le Bouleau à papier (blanc), le Bouleau jaune ou «Merisier», le Bouleau gris, le Bouleau flexible et le Bouleau bleu «variété hybride» vendus chez les pépiniéristes.

Tous ces arbres conservent leurs abondantes grappes de petites graines tout l'hiver. Ils sont très recherchés par les **Sizerins** et les **Chardonnerets** ainsi que par les Gélinottes huppées, les Roselins pourprés, les Becs-croisés rouges et la Sittelle à poitrine rousse.

CHÊNE ROUGE

Ce grand arbre peut atteindre 30 mètres de hauteur. Il est très joli comme arbre ornemental pour son magnifique feuillage

CHÊNE ROUGE (Quercus rubra)

découpé et rougeâtre en automne. Les glands peuvent persister parfois en décembre. Plusieurs espèces d'oiseaux sont friandes de ce fruit telles que le Geai bleu, la Sittelle à poitrine blanche qui en font des provisions en automne pour l'hiver. Autres espèces :

Gélinotte huppée   Pic mineur
Tourterelle triste   Troglodyte de Caroline
Corneille d'Amérique Cardinal rouge
Pic chevelu   Quiscale bronzé

(fruits disponibles surtout en automne)

ÉRABLE NÉGONDO OU «ÉRABLE À GIGUÈRE»

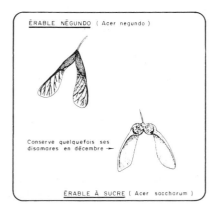

ÉRABLE NÉGUNDO (Acer negundo)

Conserve quelquefois ses
disamares en décembre →

ÉRABLE À SUCRE (Acer saccharum)

Cet arbre introduit peut atteindre 15 mètres de hauteur. Il a généralement un port asymétrique et est utilisé en ornementation.

Les fruits (disamares) sont rassemblés en grappes pendantes et persistent tout l'hiver dans l'arbre. Les graines sont la principale ressource alimentaire du Gros-bec errant, du Roselin pourpré et du Dur-bec des pins.

FRÊNES (BLANCS, NOIRS ET ROUGES)

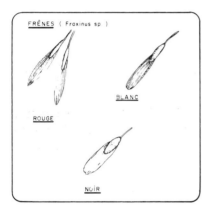

Ces arbres peuvent facilement atteindre 15 mètres et sont souvent utilisés en ornementation à cause de leur port assez régulier (Frêne blanc et Frêne rouge). Ils conservent leurs grappes de samares (dans lesquelles se trouve une graine allongée) une bonne partie de l'hiver. Ces graines sont la principale ressource alimentaire du **Dur-bec des pins** et de moindre importance pour le Gros-bec errant, le Roselin pourpré, le Cardinal rouge et le Carouge à épaulettes.

NOISETIER OU «COUDRIER»

Arbrisseau pouvant atteindre trois mètres de hauteur. Les fruits consistent en une paire de noisettes recouvertes d'une enveloppe (brunâtre en hiver) densément couverte de pi-

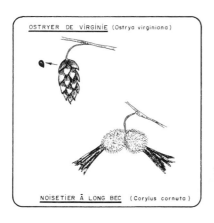

OSTRYER DE VIRGINIE (Ostrya virginiana)

NOISETIER À LONG BEC (Corylus cornuta)

quants. Ces fruits persistent parfois dans l'arbre durant décembre.

Les principaux utilisateurs sont le **Geai bleu** et la **Sittelle à poitrine blanche** qui en automne font des provisions de noisettes en vue de la saison froide. Le Pic chevelu et la Gélinotte huppée aiment bien ce fruit.

OSTRYER DE VIRGINIE

Cet arbre peut atteindre 18 mètres de hauteur. Les fruits consistent en une grappe de petits sacs membraneux (bruns en hiver) renfermant dans chacun une nucule ou «petite noix». Les fruits persistent parfois en décembre et sont consommés par les espèces d'oiseaux suivantes :

Gélinotte huppée   Pic mineur
Moqueur polyglotte   Gros-bec errant
Roselin pourpré

LES CONIFÈRES À GRAINES (ÉPINETTES, MÉLÈZES, PINS, PRUCHES, SAPINS ET THUYAS) OU À BAIES (GENÉVRIERS)

Les conifères sont très utilisés en ornementation. Ils peuvent être plantés en massif, isolés ou en haie brise-vent. Les résineux sont **très importants pour créer un habitat de choix pour les oiseaux et vous**.

Parmi ceux qui à la fois sont majestueux et offrent une abondante récolte de graines en hiver (selon les années) pour la gent ailée, notons l'Épinette blanche, le Pin blanc, le Pin rouge et la Pruche du Canada et enfin, des conifères de moindre taille tels que : le Mélèze d'Europe, le Mélèze laricin et le Genévrier de Virginie. Notez que le Sapin baumier et le Thuya occidental ou «Cèdre blanc» sont tous deux de très beaux arbres ornementaux mais leurs graines tombent en automne et ne sont donc pas disponibles pour l'avifaune d'hiver.

Voici quelques autres conifères couramment employés en ornementation et qui fournissent eux aussi des graines pour les oiseaux ; les espèces suivantes sont parmi les plus jolies : Épinette de Norvège, Épinette bleue, Pin sylvestre, Pin rigide, Pin gris. Pin noir d'Autriche (*Pinus nigra*) et pour finir, le Genévrier commun et l'Epinette rouge.

ÉPINETTE BLANCHE

Ce conifère mesure en moyenne 24 mètres de hauteur. Port assez droit avec cime conique et branches légèrement retombantes. Les rameaux sont munis d'aiguilles raides et piquantes

ÉPINETTE BLANCHE (Picea glauca)

tout autour de la branche. Les cônes pendants (50 mm de long) sont remplis de graines ailées.

Les cônes tombent de l'arbre durant l'hiver ou au printemps.

Les principales espèces d'oiseaux consommatrices des graines sont :

Tourterelle triste	Chardonneret jaune
Pic chevelu	Bec-croisé rouge
Sittelle à poitrine rousse	Bec-croisé à ailes blanches
Mésange à tête noire	Bruant à gorge blanche
Mésange à tête brune	Gros-bec errant
Dur-bec des pins	Roselin pourpré
Chardonneret des pins	

MÉLÈZE LARICIN ET D'EUROPE

Arbres à port conique et symétrique pouvant mesurer entre 9 et 20 mètres de hauteur. Ils sont très jolis comme arbres ornementaux. Les rameaux sont garnis de «touffes» de petites aiguilles souples qui jaunissent en automne et tombent ensuite. Le mélèze est le seul conifère qui perd ses aiguilles.

MÉLÈZES (Larix sp.)

Les graines sont insérées dans des petits cônes en rosette persistant dans l'arbre tout l'hiver.

Principaux oiseaux se nourrissant des graines :

Bec-croisé rouge	Bec-croisé à ailes blanches
Chardonneret des pins	Roselin pourpré
Gélinotte huppée	Tétras du Canada
(+ aiguilles)	(+ aiguilles)

PIN BLANC

PIN BLANC (Pinus strobus)

PIN ROUGE (Pinus resinosa)

C'est le plus grand conifère de l'Est (atteint 30 mètres de hauteur). Il possède des branches perpendiculaires garnies de rameaux à longues aiguilles (100 mm) réunies en faisceaux de cinq (5). Le cône est cylindrique et peut mesurer jusqu'à 170 mm de long. Ce cône renferme une multitude de graines ailées très utilisées comme nourriture par les oiseaux.

Note : Les cônes tombent au cours de l'hiver.

PIN ROUGE

Ce pin mesure en moyenne entre 18 et 25 mètres de hauteur. Il ressemble au précédent mais son écorce est rougeâtre et ses aiguilles sont plus longues et réunies en faisceaux de deux (2). Les cônes sont courts, ovoïdes et atteignent 65 mm de long ; ils persistent dans l'arbre tout l'hiver et conservent leurs graines.

Liste des principales espèces d'oiseaux qui se nourrissent des graines de pins.

Tourterelle triste
Mésange à tête noire
Mésange à tête brune
Sittelle à poitrine blanche
Sittelle à poitrine rousse
Grimpereau brun
Quiscale bronzé
Cardinal rouge
(Paruline des pins)

Gros-bec errant
Dur-bec des pins
Chardonneret des pins
Chardonneret jaune
Bec-croisé à ailes blanches
Bec-croisé rouge
Junco ardoisé
Bruant à gorge blanche

PRUCHE DU CANADA

Ce grand arbre mesure habituellement entre 18 et 21 mètres de hauteur. Son port est conique et très ornemental avec un sommet qui s'arrondit avec les années. Les ramilles ressemblent un peu à celles du sapin mais ont des aiguilles plus fines et plus courtes. Les petits cônes «en rosettes» (20 mm de long) persistent sur l'arbre tout l'hiver et fournissent une abondante récolte de graines aux espèces d'oiseaux suivantes :

PRUCHE DU CANADA (Tsuga canadensis)

Mésange à tête noire
Chardonneret des pins
Bec-croisé rouge
Junco ardoisé

Mésange à tête brune
Chardonneret jaune
Bec-croisé à ailes blanches
Bruant à gorge blanche

GENÉVRIER DE VIRGINIE OU «CÈDRE ROUGE»

GENÉVRIER DE VIRGINIE (Juniperus virginiana)

THUYA OCCIDENTAL (Thuja occidentalis)

Ce conifère très ornemental ressemble à première vue à un «cèdre blanc». Si on le regarde de plus près, il possède une écorce plus rougeâtre ainsi qu'une multitude de petits fruits bleus, persistant dans l'arbre tout l'hiver. Ce splendide genévrier est plus commun dans le sud-ouest du Québec et en Ontario.

Les fruits sont très aimés des oiseaux suivants :

Gélinotte huppée	Jaseur des cèdres
Faisan de chasse	Jaseur boréal
Tourterelle triste	Gros-bec errant
Moqueur polyglotte	Dur-bec des pins
Merle d'Amérique	Roselin pourpré
Étourneau sansonnet	Cardinal rouge
(Paruline à croupion jaune)	Bec-croisé à ailes blanches
Quiscale bronzé	

THUYA OCCIDENTAL OU «CÈDRE BLANC»

C'est un des conifères les plus utilisés en ornementation pour créer des haies brise-vent. Son port est soit conique ou effilé (selon la variété) et peut atteindre 13 mètres de haut (en général). Les rameaux sont en forme d'éventail sur lesquels sont fixés de petits cônes (brunâtres en automne) qui contiennent plusieurs petites graines.

Quelquefois, les graines peuvent persister dans les cônes une partie de l'hiver et sont consommées surtout par le Chardonneret des pins et le Sizerin flammé.

SAPIN BAUMIER

Ce conifère est l'un des plus beaux et des plus traditionnels dans l'ornementation. Les cônes se désintègrent et les graines tombent au sol, en automne. Donc les graines sont disponibles pour les oiseaux qu'en automne. Les espèces d'oiseaux suivantes en raffolent :

Gélinotte huppée	Mésange à tête noire
Mésange à tête brune	Gros-bec errant
Roselin pourpré	Dur-bec des pins
Bec-croisé rouge	Bec-croisé à ailes blanches
Geai bleu	

APPENDICE 1

QUELQUES PLANTES DES CHAMPS PARMI LES PLUS COMMUNES DONT LES GRAINES SERVENT DE NOURRITURE À QUELQUES ESPÈCES D'OISEAUX

Nom français	Alouette cornue	Bruant des neiges	Chardonneret des pins	Chardonneret jaune	Junco ardoisé	Bruant hudsonien	Sizerin flammé	Nom scientifique
Amaranthe réfléchie	x	x	•	•	•	•	•	*Amaranthus retroflexus*
Ambroisie trifide	x	x	x	•	x	•	x	*Ambrosia trifida*
Aster sp.	•	•	•	•	•	•	x	*Aster sp.*
Bardane majeure			x	•			•	*Arctium lappa*
Bardane mineure			x	•			•	*Arctium minus*
Carex sp.			x	•	•	x	•	*Carex sp.*
Chardon sp.				x	x	•	•	*Cirsium sp.*
Chénopode sp.*	x	•	•	•	•	•	x	*Chenopodium sp.*
Chicorée sauvage				x	•	•	x	*Cichorium intybus*
Digittaire sp.*	•	•			x	x		*Digitaria sp.*
Armoise vulgaire		x				•	•	*Artemisia vulgaris*
Molène vulgaire	•	•	•	•		•	•	*Verbascum thapsus*
Onagre bisannuelle		•	x	•		•	x	*Oenothera victorinii*
Renouée sp.	•	•			•	•	•	*Polygonum sp.*
Rumex sp.	•	•			•	•	•	*Rumex sp.*
Setaire sp.	x	x			x	x		*Setaria sp.*
Verge d'or sp.				x	•	•	x	*Solidago sp.*

* graminées
sp genre botanique
x souvent observé à se nourrir de graines

• quelquefois observé à se nourrir de graines

NOTE : Les espaces vides ne signifient pas que ces oiseaux ne se nourrissent pas de ces graines mais qu'il n'y a pas eu d'observation d'oiseaux s'y nourrissant.

UTILISATION DES BOURGEONS D'ARBRES ET D'ARBUSTES COMME RESSOURCE ALIMENTAIRE CHEZ CERTAINES ESPÈCES D'OISEAUX HIVERNANT	TÉTRAS DU CANADA	GÉLINOTTE HUPPÉE	FAISAN DE CHASSE	GROS-BEC ERRANT	DUR-BEC DES PINS	ROSELIN POURPRÉ	SIZERIN FLAMMÉ	CHARDONNERET JAUNE
Aubépines sp. *		x						
Aulnes sp.		x					x	x
Aronia noir		x						
Bouleaux sp.		x				x		
Cerisiers sp.		x	x					
Cornouillers sp.		x	x					
Chênes sp.		x						
Charme de Caroline		x	x					
Épinettes sp.	x				x			
Érables sp.		x		x	x		x	
Hamamélis de Virginie		x						
Hêtre à grandes feuilles		x				x		
Mélèzes sp.	x	x						
Noisetiers sp.		x						
Ormes sp.				x		x		x
Ostryer de Virginie		x	x					
Peupliers sp.	x	x		x	x			
Pins sp.	x				x			
Pommetiers sp.		x	x	x	x			
Pommiers sp.		x	x	x	x			
Pruche du Canada	x							
Rosiers sp.		x						
Sapin baumier	x							
Saules sp.	x	x		x	x		x	
Sorbiers sp.		x						

sp. * : Genre botanique

APPENDICE 2

Quelques autres espèces d'arbres et arbustes fruitiers qui sont souvent employées dans l'ornementation des parterres résidentiels mais dont les fruits sont disponibles seulement en été et en automne.

AMÉLANCHIERS (*AMELANCHIER*)

Leurs fruits juteux et délicieux sont disponibles de juin à août selon l'espèce.

CERISIERS (*PRUNUS*)

Leurs fruits sont disponibles de juillet à octobre.

CORNOUILLERS (*CORNUS*)

Leurs fruits sont disponibles de juillet à septembre.

SUREAUX (*SAMBUCUS*)

Leurs fruits sont disponibles de juin à septembre (selon l'espèce).

VIORNES (*VIBURNUM*)

Leurs fruits sont disponibles en automne.

CHÈVREFEUILLES (*LONICERA*)

Leurs fruits sont disponibles de juin à octobre (selon l'espèce).

Note : Voir tableau suivant pour vous donner un aperçu des quelques espèces qui se nourrissent de ces fruits.

ESPÈCES D'OISEAUX / ARBRES FRUITIERS	AMÉLANCHIERS	CERISIERS	CORNOUILLERS	SUREAUX	VIORNES	CHÈVREFEUILLES
Gélinotte huppée	x	x	x	x	x	
Pic mineur			x			
Pic chevelu	x					
Pic flamboyant	x	x	x		x	x
Grand pic		x		x	x	
Geai bleu		x		x		
Merle-bleu de l'Est	x	x	x	x	x	x
Grive fauve	x	x	x	x	x	x
Grive à joues grises	x	x	x	x	x	x
Grive à dos olive	x	x	x	x	x	x
Grive solitaire	x	x	x	x	x	x
Grive des bois	x	x	x	x	x	x
Merle d'Amérique	x	x	x	x	x	x
Moqueur chat	x	x	x	x	x	x
Moqueur polyglotte	x	x	x	x	x	x
Moqueur roux	x	x	x	x	x	x
Jaseur boréal		x			x	x
Jaseur des cèdres	x	x	x	x	x	x
Étourneau sansonnet		x		x	x	x
Tangara écarlate	x	x				
Cardinal rouge	x	x	x	x	x	
Cardinal à poitrine rose	x	x				
Tohi à flancs roux	x			x		
Bruant à gorge blanche	x	x		x	x	x
Oriole du Nord	x	x				
Dur-bec des pins	x				x	x
Roselin pourpré	x		x		x	x
Chardonneret jaune	x					x
Gros-bec errant	x	x	x		x	x

Note :   Ce tableau est incomplet, peut-être lors de vos observations vous pourrez remplir les cases vides.

MÛRIER BLANC (*MORUS ALBA*)

Ce magnifique arbre fruitier (introduit d'Asie) est très décoratif et devient de plus en plus populaire comme arbre d'ornement, surtout dans la région de Montréal. Notez qu'il peut aussi bien s'adapter assez facilement dans la région de Québec. Ses abondants **fruits de couleur blanc rosé ou pourpre-violacé** sont disponibles en juin et juillet. Plusieurs espèces d'oiseaux ont développé leur goût et se nourrissent de ce fruit nouveau. Voici la liste des principales espèces :

Pic flamboyant	Pic à tête rouge
Pic chevelu	Geai bleu
Corneille d'Amérique	Moqueurs
	(toutes les espèces)
Grives (toutes les espèces)	Merle d'Amérique
Merle-bleu de l'Est	Jaseur des cèdres
Étourneau sansonnet	Oriole du Nord
Tangara écarlate	Cardinal rouge
Cardinal à poitrine rose	Roselin pourpré
Chardonneret jaune	Bruant chanteur

Source :

Degraaf, Richard M. Witman, Gretchin M., **Trees, Shrubs and Vines for attracting Birds**, pp. 45, 46, 1979.

Excellent livre que je recommande à tous.

Quelques arbres feuillus qui fournissent des graines, des glands, des noix et des faînes mais disponibles en été et en automne seulement :

ÉRABLES (ACER)

Les graines de tous les érables sont disponibles en été et en automne et sont consommées surtout par :

Gélinotte huppée
Gros-bec errant
Cardinal rouge
Chardonneret jaune

Cardinal à poitrine rose
Dur-bec des pins
Roselin pourpré

HÊTRE À GRANDES FEUILLES
(FAGUS GRANDIFOLIA)

Les faînes disponibles de septembre à novembre sont aussitôt consommées par les espèces d'oiseaux suivantes :

Gélinotte huppée
Pic flamboyant
Pic à tête rouge
Sittelle à poitrine blanche*
Bruant à gorge blanche

Grand Pic
Pic à ventre roux
Geai bleu*
Quiscale bronzé

* Ces espèces font des provisions de faînes pour l'hiver.

ORME D'AMÉRIQUE (ULMUS AMERICANA)

Les graines sont disponibles d'avril à juin.

Gélinotte huppée
Roselin pourpré
Sizerin blanchâtre

Gros-bec errant
Sizerin flammé
Chardonneret jaune

Les espèces ci-haut mentionnées se nourrissent de ces petites graines.

CARYERS (1) NOYERS (2) CHÊNES (3)

Tous leurs fruits sont disponibles en automne et font le régal de plusieurs espèces d'oiseaux.

Gélinotte huppée	3	Paruline à croupion jaune	1-2
Faisan de chasse	1-3	Paruline des pins	1-2
Tourterelle triste	3	Roitelet à couronne rubis	2
Pic à tête rouge	3	Troglodyte de Caroline	2-3
Pic à ventre roux	1-2-3	Moqueur roux	3
Pic mineur et Pic chevelu	2-3	Cardinal rouge	1-2-3
Grand Pic	2	Tohi à flancs roux	1-3
Geai bleu		Cardinal à poitrine rose	1-3
(ramasse des provisions)	1-2-3	Dur-bec des pins	1
Corneille d'Amérique	1-2-3	Junco ardoisé	2
Mésange à tête noire	2	Roselin pourpré	2
Mésange bicolore	1-2-3	Quiscale bronzé	3
Sittelle à poitrine blanche		Bruant à couronne blanche	2
(ramasse des provisions)	1-2-3	Bruant chanteur	2
Sittelle à poitrine rousse	2		

Note :   Les espèces au bec faible ne brisent pas les écales trop dures. Elles cueillent les miettes laissées par les écureuils et les tamias rayés (suisses).

LISTE DES ARBRES, ARBUSTES ET VIGNES MENTIONNÉS DANS CE CHAPITRE

NOMS FRANÇAIS	NOMS SCIENTIFIQUES
■ Aronia noir	*Aronia melanocarpa* (Michx.) Ell.
■ Aubépines spp.	*Crataegus* spp*
■ Aulne crispé	*Alnus crispa* (Ait.) Pursh.
■ Aulne rugueux	*Alnus rugosa* (Du Roi) Spreng.
◇ Berbéris vinettier de Thunberg	*Berberis thunbergii* DC
◇ Berbéris vulgaire	*Berberis vulgaris* L.
★ Bouleau à papier	*Betula papyrifera* Marsh.
★ Bouleau bleu (1)	*Betula caerulea-grandis* Blanch.
★ Bouleau flexible	*Betula lenta* L.
★ Bouleau gris	*Betula populifolia* Marsch.
★ Bouleau jaune	*Betula alleghaniensis* Britt.
• Célastre grimpant	*Celastrus scandens* L.
★ ■ Cerisiers spp	*Prunus* spp*
■ Cornouiller stolonifère	*Cornus stolonifera* Michx.
◇ Chalef à feuilles étroites	*Elaeagnus angustifolia* L.
★ ■ Charme de Caroline	*Carpinus caroliniana* Watt.
★ Chêne rouge	*Quercus rubra* L.
★ Épinette blanche	*Picea glauca* (Moench.) Voss.
☆ Épinette bleue du Colorado	*Picea pungens* Engelm.
☆ Épinette de Norvège	*Picea abies* (L) Karst.
★ Épinette rouge	*Picea rubens* Sarg.
☆ Érable négondo	*Acer negundo* L.
■ ★ Érables spp.	*Acer* spp.*

★	Frêne blanc	*Fraxinus americana* L.
★	Frêne noir	*Fraxinus nigra* Marsh.
★	Frêne rouge	*Fraxinus pennsylvanica* Marsh.
★	Genévrier de Virginie	*Juniperus virginiana* L.
■	Genévriers spp.	*Juniperus* spp*
■	Hamamélis de Virginie	*Hamamelis virginiana* L.
★	Hêtre à grandes feuilles	*Fagus grandifolia* Ehrh.
■	Houx verticillé	*Ilex verticillata* (L.) Gray
☆	Mélèze d'Europe	*Larix decidua* Mill.
★	Mélèze laricin	*Larix laricina* (Du Roi) Koch.
◇	Nerprun cathartique	*Rhamnus cathartica* L.
■	Noisetier à long bec	*Corylus cornuta* Marsh.
★	Ormes spp	*Ulmus* spp*
★	Ostryer de Virginie	*Ostrya virginiana* (Mill.) Koch.
•	Parthénocisse à cinq folioles	*Parthenocissus quinquefolia* (L.) Planch
★	Peupliers spp	*Populus* spp*
	Pommetier à baie	*Malus baccata*
	Pommetier décoratif spp	*Malus* spp*
	Pommetier à feuilles de Prunier	*Malus prunifolia* Borkh.
	Pommetier «Almey»	*Malus* «*Almey*»
◇☆	Pommetier «Hopa»	*Malus* «*Hopa*»
	Pommetier «Sissipuk»	*Malus* «*Sissipuk*»
	Pommetier «Zumi»	*Malus* «*Zumi*»
	Pommiers spp	*Malus* spp*
☆	Pin noir d'Autriche	*Pinus nigra*
★	Pin blanc	*Pinus rigida* Mill.
★	Pin gris	*Pinus resinosa* Ait.
★	Pin rigide	*Pinus rigida* Mill.
★	Pin rouge	*Pinus resinosa* Ait.
☆	Pin sylvestre	*Pinus sylvestris* L.
★	Pruche du Canada	*Tsuga canadensis* (L.) Carr.
◇	Pyracanthe écarlate	*Pyracantha coccinea* Roem.
■	Rosiers spp	*Rosa* spp*
■	Rosier églantier	*Rosa eglanteria* L.
■	Rosier inerme	*Rosa blanda* Ait.
◇	Rosier multiflore	*Rosa multiflora* Thunb.
■	Rosier rugueux	*Rosa rugosa* Thunb.

178

★	Sapin baumier	*Abies balsamea* (L.) Mill.
★ ■	Saules spp	*Salix* spp*
★ ■	Sorbier d'Amérique	*Sorbus americana* (Marsh.) DC.
■	Sorbier des montagnes	*Sorbus decora* (Sarg.) Schneid.
☆	Sorbier des oiseleurs	*Sorbus aucuparia* L.
●	Sumac grimpant	*Rhus radicans* L.
■	Sumac vinaigrier	*Rhus typhina* L.
■	Symphorine blanche	*Symphoricarpos albus* (L.) Blake
★	Thuya occidental	*Thuja occidentalis* L.
■	Viorne à feuilles d'Érable	*Viburnum acerifolium* L.
■	Viorne cassinoïde	*Viburnum cassinoides* L.
■	Viorne trilobée	*Viburnum trilobum* Marsh.

(1) Bouleau hybride
sp Genre botanique

INDIGÈNES		INTRODUITS	
★	Arbre	☆	Arbre
■	Arbrisseau ou arbuste	◇	Arbrisseau ou arbuste
●	Vigne	○	Vigne

Toutes les photos et tous les croquis du Chapitre 3 sont de Peter Lane.

QUELQUES VOLUMES SUR LES PLANTES SAUVAGES, ARBRES ET ARBUSTES

BERTRAND, CHARLES et VINCENT, GILLES, *Belles de nos bois*, La Prairie, Éditions Marcel Broquet, 1989.

BRADFORD, ANGIER, *Guide des plantes sauvages médicinales*, La Prairie, Éditions Marcel Broquet, 1990.

BROCKMAN, C. FRANCK, MERRILEES, REBECCA et ZIM, HERBERT S., *Guide des Arbres de l'Amérique du Nord*, La Prairie, Éditions Marcel Broquet, 1982.

DEGRAAF, R.M. et WITMAN, G.M., *Trees, Shrubs and Vines for attracting Birds*.

DUMONT, BERTRAND, Tome 1 : *Les conifères et les arbustes à feuillage persistant*, (Guide des végétaux d'ornement pour le Québec), La Prairie, Éditions Marcel Broquet, 1987.

DUMONT, BERTRAND, Tome 2 : *Les arbres feuillus*, (Guide des végétaux d'ornement pour le Québec), La Prairie, Éditions Marcel Broquet, 1989.

DUMONT, BERTRAND, Tome 3 : *Les arbustes*, (Guide des végétaux d'ornement pour le Québec), La Prairie, Éditions Marcel Broquet, 1991.

FLEURBEC, *Plantes sauvages comestibles*, Groupe Fleurbec.

FLEURBEC, *Plantes sauvages printanières*, Groupe Fleurbec.

FLEURBEC, *Plantes sauvages des villes et des champs*, Groupe Fleurbec.

FRANKTON, CLARENCE et MULLIGAN, GERALD A., *Les plantes nuisibles du Canada*, Éditions Marcel Broquet, 1988.

HOSIE, R.C., *Arbres indigènes du Canada*, Environnement Canada et Éditions Fides, 1981.

LAFORGE, MONIQUE, RAIL, LINDA et SICARD, VÉRONIQUE, *La forêt derrière les arbres*, Éditions Marcel Broquet, 1985.

LAGACÉ, FERNAND et ALLEN, ÉGIDE, *Le Québec forestier*, La Prairie, Éditions Marcel Broquet, 1991.

LAURIAULT, JEAN, *Guide d'identification des arbres du Canada*, Éditions Marcel Broquet, 1985.

MARIE-VICTORIN, FRERE, *La Flore laurentienne*, Montréal, Presses de l'Université de Montréal, 1964.

MINISTERES DE L'AGRICULTURE, DES PECHERIES ET DE L'ALIMENTATION, *L'inventaire des arbres et arbustes ornementaux pour le Québec.*

MINISTERE DE TERRES ET FORETS, *La petite Flore forestière du Québec*, 1974.

MULLIGAN, GÉRARD, *Les plantes nuisibles communes du Canada*, Éditions Marcel Broquet, 1987.

NEWCOMB LAURENCE, *Guide des fleurs sauvages de l'Est de l'Amérique du Nord*, Éditions Marcel Broquet, 1983.

PETERSON, ROGER TORY, *Fleurs sauvages* (Les petits guides Peterson), La Prairie, Éditions Broquet, 1990.

PETRIDES, GEORGES A., *A Field Guide to Trees and Shrubs* (guides Peterson), New York, Houghton Mifflin, 1979.

RICHARD, JEAN, *Fruits et petits fruits*, La Prairie, Éditions Marcel Broquet, 1987.

RUBINS, CAROLE, *Pelouses et jardins sans produits chimiques*, La Prairie, Éditions Marcel Broquet, 1991.

SMITH, JEAN et PARROT, LOUIS, *Clef artificielle pour l'identification des arbres, arbustes et arbrisseaux du Québec*, Ministère des Terres et Forêts.

VENNING, FRANK D., *Fleurs sauvages de l'Amérique du Nord*, La Prairie, Éditions Marcel Broquet, (parution 1994).

NOUVELLE NOMENCLATURE

Nouvelle nomenclature établie en août 1991 par les membres de la Commission internationale des noms français des oiseaux, placée sous la coprésidence de Pierre Devillers, de l'Institut royal des sciences naturelles de Belgique, et de Henri Ouellet, du Musée canadien de la nature.

Ne sont donnés ici que les noms des oiseaux traités dans le présent ouvrage.

ANCIEN NOM	NOUVEAU NOM
Alouette cornue	Alouette hausse-col
Autour	Autour des palombes
Bec-croisé à ailes blanches	Bec-croisé bifascié
Bec-croisé rouge	Bec-croisé des sapins
Chardonneret des pins	Tarin des pins
Dickcissel	Dickcissel d'Amérique
Dur-bec des pins	Durbec des sapins
Émerillon	Faucon émerillon
Faisan de chasse	Faisan de Colchide
Geai du Canada	Mésangeai du Canada
Gerfaut	Faucon gerfaut
Grand-Duc	Grand-Duc d'Amérique
Nyctale boréale	Nyctale de Tengmalm

Mes observations

Oiseau	Mois & Heure	Préférence	Remarques

Mes observations

Oiseau	Mois & Heure	Préférence	Remarques

Mes observations

Oiseau	Mois & Heure	Préférence	Remarques

Imprimé à Saint-Jérôme par Imprimerie Laurentienne Ltée